Traum und Traumanalyse

C. G. Jung

Traum und Traumanalyse

EDITION C. G. JUNG

MIX
Papier | Fördert gute Waldnutzung
FSC® C014496
FSC www.fsc.org

Die Verlagsgruppe Patmos ist sich ihrer Verantwortung gegenüber unserer Umwelt bewusst. Wir folgen dem Prinzip der Nachhaltigkeit und streben den Einklang von wirtschaftlicher Entwicklung, sozialer Sicherheit und Erhaltung unserer natürlichen Lebensgrundlagen an. Näheres zur Nachhaltigkeitsstrategie der Verlagsgruppe Patmos auf unserer Website www.verlagsgruppe-patmos.de/nachhaltig-gut-leben

Übereinstimmend mit der EU-Verordnung zur allgemeinen Produktsicherheit (GPSR) stellen wir sicher, dass unsere Produkte die Sicherheitsstandards erfüllen. Näheres dazu auf unserer Website www.verlagsgruppe-patmos.de/produktsicherheit. Bei Fragen zur Produktsicherheit wenden Sie sich bitte an produktsicherheit@verlagsgruppe-patmos.de

Bibliografische Information der Deutschen Nationalbibliothek
Die Deutsche Nationalbibliothek verzeichnet diese Publikation in der Deutschen Nationalbibliografie; detaillierte bibliografische Daten sind im Internet über http://dnb.d-nb.de abrufbar.

2. Auflage 2026

Verlagsgruppe Patmos in der Schwabenverlag AG, Senefelderstr. 12, 73760 Ostfildern
www.patmos.de
Dieser Band enthält die Schriften »Die Traumanalyse« (1909), GW 4, §§ 64–94, »Allgemeine Gesichtspunkte zur Psychologie des Traumes« (1928), GW 8, §§ 443–529, »Die praktische Verwendbarkeit der Traumanalyse« (1934), GW 16, §§ 294–352, »Vom Wesen der Träume« (1945), GW 8, §§ 530–569. Die Texte wurden auf die reformierte neue deutsche Rechtschreibung umgestellt.

Umschlaggestaltung: Finken & Bumiller, Stuttgart
Umschlagabbildung: Patientenbild von C. G. Jung, »Traum vom 9. August«, 5.12.1934, Gouache auf Papier, 33,9 × 25,8 cm, Bildarchiv C. G. Jung-Institut Zürich, Küsnacht, 047 CVAN © C. G. Jung-Institut Zürich, Küsnacht.
Foto: Ulrich Peters
Gestaltung, Satz und Repro: Schwabenverlag AG, Ostfildern
Druck: GGP Media GmbH
Hergestellt in Deutschland
ISBN 978-3-8436-1562-4

EDITION C. G. JUNG im Patmos Verlag

Inhalt

Die Traumanalyse[1]

Im Jahr 1900 veröffentlichte Sigmund Freud in Wien ein umfangreiches Werk über die Traumanalyse. Es folgen hier die wichtigsten Ergebnisse seiner Untersuchungen.

Der Traum ist keineswegs eine verworrene Mischung von zufälligen und sinnlosen Assoziationen, wie man allgemein annimmt, und auch nicht nur eine Folgeerscheinung von körperlichen Reizen während des Schlafes, wie viele Leute glauben, sondern ein autonomes und sinnreiches Produkt psychischer Tätigkeit und wie alle anderen psychischen Funktionen einer systematischen Analyse zugänglich. Die organischen Empfindungen während des Schlafes sind nicht die Ursache des Traumes; sie spielen eine zweitrangige Rolle und liefern nur die Bestandteile (das Material) für die psychische Arbeit. Nach Freud ist der Traum wie jedes komplexe psychische Produkt eine Schöpfung, ein Werk, das seine Motive, seine vorhergegangenen Assoziationsketten hat; er ist wie eine überlegte Handlung die Folge eines logischen Prozesses, eines Konkurrenzkampfes zwischen verschiedenen Tendenzen, von denen schließlich eine den Sieg davonträgt. Wie alles, was wir tun, hat auch das Träumen eine Bedeutung.

Man wird mir vielleicht entgegenhalten, dass jede Erfahrungswirklichkeit dieser Theorie widerspricht; denn Träume machen auf uns ganz offenkundig den Eindruck von Zusammenhanglosigkeit und Dunkelheit. Freud nennt diese Abfolge von verworrenen Bildern den *manifesten Trauminhalt*; es ist die Fassade,

---

[1] Ursprünglich französisch geschrieben und erschienen unter dem Titel *L'Analyse des rêves* in: *Année psychologique* XV (Paris 1909) S. 160–167. Übersetzt von Klaus Thiele-Dohrmann. In: GW 4, §§ 64–94.

hinter der er das Wesentliche sucht, nämlich die Idee des Traumes oder den *latenten Inhalt.* Man könnte fragen, warum Freud glaubt, der Traum selbst sei nur die Fassade eines sehr großen Gebäudes und habe eigentlich eine Bedeutung. Freuds Vermutung basiert weder auf einem Dogma noch auf einer Idee a priori, sondern auf Erfahrung – auf der allgemeinen Erfahrung nämlich, dass keine psychische (oder physische) Tatsache zufälliger Natur ist. Sie muss demnach ihre Kausalitätskette haben, da sie immer das Produkt einer komplizierten Verbindung von Phänomenen ist; denn jedes geistige Element ist das Resultat vorangehender psychischer Zustände und muss theoretisch analysiert werden können. Freud wendet auf den Traum dasselbe Prinzip an, das wir immer instinktiv benutzen, wenn wir die Ursachen menschlicher Handlungen erforschen wollen.

Er fragt sich ganz einfach: Warum träumt *dieser* Mensch gerade *diese* Sache? Er muss seine besonderen Gründe haben, sonst wäre es ein Bruch des Kausalitätsgesetzes. Der Traum eines Kindes unterscheidet sich von dem eines Erwachsenen, der Traum eines gebildeten Menschen von dem eines ungebildeten. Im Traum steckt etwas Individuelles: Er entspricht der psychischen Disposition des Menschen. Worin besteht diese psychische Disposition? Sie ist selbst das Resultat unserer psychischen Vergangenheit. Unser gegenwärtiger Geisteszustand hängt ab von unserer Geschichte. In der Vergangenheit jedes Menschen gibt es Elemente von unterschiedlichem Wert, die die psychische »Konstellation« bestimmen. Ereignisse, die keine starken Emotionen auslösen, beeinflussen unsere Gedanken oder Handlungen kaum; dagegen sind diejenigen, die starke gefühlsmäßige Reaktionen hervorrufen, von großer Bedeutung für unsere spätere psychische Entwicklung. Solche Erinnerungen mit starkem Gefühlston bilden Assoziationskomplexe, die nicht nur dauerhaft, sondern auch sehr wirksam und eng miteinander verknüpft sind. Ein Gegenstand, den ich mit geringem Interesse betrachte, ruft wenig Assoziationen hervor und verschwindet bald aus meinem intellektuellen

Blickfeld. Ein Gegenstand jedoch, für den ich mich sehr interessiere, wird zahlreiche Assoziationen wecken und mich lange beschäftigen. Jede Emotion erzeugt einen mehr oder weniger weitreichenden Komplex von Assoziationen, den ich als den »gefühlsbetonten Komplex« bezeichnet habe. Bei der Betrachtung eines individuellen Falles entdecken wir immer wieder, dass der Komplex die stärkste »konstellierende« Kraft entfaltet, und wir schließen daraus, dass wir in jeder Analyse sofort auf ihn treffen werden. Die Komplexe bilden die Hauptkomponenten der psychologischen Disposition in jeder psychischen Struktur. So treffen wir zum Beispiel im Traum die emotionalen Komponenten an, denn begreiflicherweise hängen alle Produkte psychischer Aktivität vor allem von den stärksten »konstellierenden« Einflüssen ab.

Man braucht nicht lange zu suchen, um den Komplex zu entdecken, der Gretchen im »Faust« singen lässt:

Es war ein König in Thule,
gar treu bis an das Grab,
dem sterbend seine Buhle
einen goldenen Becher gab.

Der versteckte Gedanke ist Gretchens Zweifel an der Treue Fausts. Das Lied, das Gretchen unbewusst gewählt hat, ist das, was wir das *Traummaterial* genannt haben, welches dem geheimen Gedanken entspricht.

Man könnte dieses Beispiel auf den Traum anwenden und unterstellen, dass Gretchen diese Romanze nicht gesungen, sondern geträumt hätte.[2] In dem Fall ist das Lied von der tragischen Liebesgeschichte eines fernen Königs aus alter Zeit der »manifeste

---

[2] Man könnte einwenden, dass eine solche Hypothese nicht zulässig sei, da zwischen einem Lied und einem Traum ein großer Unterschied bestehe. Aber dank den Untersuchungen Freuds wissen wir jetzt, dass alle Produkte traumähnlicher Zustände etwas gemeinsam haben. Erstens sind sie alle Variationen des Komplexes und zweitens sind sie nur eine Art von symboli-

Inhalt« des Traumes, seine »Fassade«. Jemand, der Gretchens geheimen Kummer nicht kennt, wüsste nicht, warum sie von diesem König träumt. Aber wir, die wir den *Traumgedanken* kennen, nämlich ihre tragische Liebe zu Faust, können verstehen, weshalb der Traum sich gerade dieses Liedes bedient, denn es handelt von der seltenen Treue des Königs. Faust ist nicht treu, und Gretchen möchte gern, dass er ihr so treu wäre, wie es der König in der Geschichte war. Ihr Traum, in Wirklichkeit also ihr Lied, drückt in verschleierter Form den heißen Wunsch ihrer Seele aus. Hier berühren wir die wahre Natur des gefühlsbetonten Komplexes; es handelt sich immer um *Wunsch und Widerstand*. Wir verbringen unser Leben im Kampf um die Erfüllung unserer Wünsche: Alle unsere Taten gehen aus dem Wunsch hervor, dass etwas Bestimmtes geschehen oder nicht geschehen möge.

Das ist es, wofür wir arbeiten und woran wir denken. Wenn wir einen Wunsch nicht in Wirklichkeit erfüllen können, realisieren wir ihn wenigstens in der Fantasie. Die religiösen und philosophischen Systeme aller Völker zu allen Zeiten sind dafür der beste Beweis. Die Idee der Unsterblichkeit, auch in philosophischer Gestalt, ist nichts anderes als ein Wunsch, für den die Philosophie nur die Fassade ist, wie auch Gretchens Lied nur die äußere Form ist, ein wohltätiger Schleier, der ihren Gram verhüllt. *Der Traum stellt ihren Wunsch als erfüllt dar.* Freud sagt, dass *jeder Traum die Erfüllung eines unterdrückten Wunsches darstelle.*

Verfolgen wir nun unser Beispiel weiter, so sehen wir, dass Faust im Traum durch den König ersetzt wird. Eine Verwandlung hat stattgefunden. Faust ist der ferne König aus alter Zeit geworden; Fausts Persönlichkeit, die einen starken Gefühlston enthält, ist durch eine neutrale, legendäre Person ersetzt worden. Der König ist eine Analogie-Assoziation, ein *Symbol* für Faust, wie die »Buhle« für Gretchen. Man wird vielleicht fragen, was der Zweck

---

schem Ausdruck des Komplexes. Aus diesem Grund glaube ich diese Unterstellung machen zu dürfen.

dieser Umformung sei, warum Gretchen sozusagen indirekt von ihrem Gedanken träume, weshalb sie ihn nicht klar und unzweideutig fassen könne. Diese Frage ist leicht zu beantworten: Gretchens Traurigkeit enthält eine Vorstellung, bei der man nicht verweilen möchte, denn sie wäre zu schmerzlich. Ihr Zweifel an Fausts Treue wird verdrängt und unterdrückt. Er erscheint wieder in Form einer melancholischen Geschichte, die, obgleich sie den Wunsch realisiert, nicht von angenehmen Gefühlen begleitet ist. Freud sagt, dass die Wünsche, die den Traumgedanken bilden, nicht Wünsche sind, die man sich offen eingesteht, sondern solche, die wegen ihres schmerzenden Charakters unterdrückt worden sind; und da sie im Wachzustand von der bewussten Reflexion ausgeschlossen werden, tauchen sie indirekt in Träumen auf.

Diese Beweisführung ist durchaus nicht erstaunlich, wenn wir die Geschichte der Heiligen betrachten. Man kann unschwer die Art der Gefühle begreifen, die die heilige Katharina von Siena unterdrückte, die indirekt in der Vision ihrer himmlischen Hochzeit wieder erschienen; oder auch die Wünsche, die sich mehr oder weniger symbolisch in den Visionen und Versuchungen der Heiligen offenbaren. Wie wir wissen, besteht zwischen dem schlafwandlerischen Bewusstseinszustand eines Hysterikers und dem normalen Traum ein ebenso geringer Unterschied wie zwischen dem intellektuellen Leben von hysterischen und von normalen Menschen.

Wenn wir jemanden fragen, warum er diesen oder jenen Traum gehabt hat und welche geheimen Gedanken darin ausgedrückt seien, so kann er uns natürlich darauf keine Antwort geben. Er wird sagen, dass er am Vorabend zu viel gegessen, auf dem Rücken geschlafen, dies und das am Tag zuvor gesehen oder gehört habe, – kurz: alles, was man in den zahlreichen wissenschaftlichen Büchern über Träume lesen kann. Was den Traumgedanken betrifft, so kennt er ihn nicht und kann ihn auch nicht kennen, denn nach Freud ist der Gedanke verdrängt worden, weil er zu unangenehm ist. Wenn jemand uns also feierlich versichert, dass er in seinen eigenen Träumen nie etwas von dem gefunden habe, wovon Freud redet, dann können wir nicht umhin, darüber zu lächeln; denn der Betreffende hat sich bemüht, etwas zu sehen, was man unmöglich direkt sehen kann. Der Traum entstellt den verdrängten Komplex, um zu verhindern, dass er erkannt wird. Indem sie Faust in den König von Thule verwandelt, macht Gretchen die Situation harmlos. Freud bezeichnet diesen Mechanismus, der den unterdrückten Gedanken daran hindert, sich offen zu zeigen, die *Zensur*. Die Zensur ist nichts anderes als der Widerstand, der uns auch bei Tag davon abhält, einen bestimmten Gedanken bis zu Ende zu verfolgen. Die Zensur lässt einen Gedanken erst dann durchgehen, wenn er so entstellt ist, dass der Träumer ihn nicht erkennen kann. Wenn wir versuchen, den Träumer mit der Idee bekannt zu machen, die hinter dem Traum steht, wird er uns immer den gleichen Widerstand entgegensetzen, den er seinem verdrängten Komplex gegenüber zeigt.

Wir können uns nun eine Reihe von wichtigen Fragen stellen. Vor allem: Was müssen wir tun, um hinter die Fassade, in das Innere des Hauses zu gelangen, das heißt, vom manifesten Trauminhalt zur wirklichen, geheimen Idee, die dahintersteckt?

Kehren wir zu unserem Beispiel zurück und nehmen wir an, Gretchen sei eine hysterische Patientin, die mich wegen eines unangenehmen Traumes konsultieren möchte. Ich will außerdem annehmen, dass ich nichts über sie weiß. In diesem Fall würde ich meine Zeit nicht damit verschwenden, sie direkt zu befragen, denn gewöhnlich können solche geheimen Kümmernisse nicht freigelegt werden, ohne den heftigsten Widerstand hervorzurufen. Ich würde vielmehr versuchen, das durchzuführen, was ich ein »Assoziationsexperiment« genannt habe[3], das mir ihre ganze Liebesaffäre (ihre geheime Schwangerschaft usw.) enthüllen würde. Die Schlussfolgerung wäre leicht zu ziehen, und ich könnte ihr

---

3 Vgl. Jung (Hg.): *Diagnostische Assoziationsstudien.*

ohne Zögern den Traumgedanken zeigen. Aber man kann auch vorsichtiger verfahren.

Ich würde sie zum Beispiel fragen: Wer ist nicht so treu wie der König von Thule oder wer sollte es eigentlich sein? Diese Frage würde sehr schnell die Situation erhellen. In unkomplizierten Fällen wie diesem beschränkt sich die Deutung oder Analyse eines Traumes auf wenige einfache Fragen.

Hier ist das Beispiel eines solchen Falles. Es handelt sich um einen Mann, von dem ich nichts weiß, außer dass er in den Kolonien lebt und momentan zufällig in Europa Urlaub macht. Bei einer unserer Unterredungen erzählte er einen Traum, der ihn tief beeindruckt hatte. Zwei Jahre zuvor hatte er geträumt, *er befände sich an einem wüsten, verlassenen Ort und sähe auf einem Felsen einen schwarzgekleideten Mann, der sein Gesicht mit beiden Händen bedeckte. Plötzlich ging er auf einen Abgrund zu, als eine Frau erschien, ebenfalls in schwarzer Kleidung, und versuchte, ihn zurückzuhalten. Er stürzte sich in den Abgrund und zog die Frau mit sich.* – Der Träumer erwachte mit einem Angstschrei.

Die Frage: Wer war der Mann, der sich in eine gefährliche Situation begab und eine Frau ins Verderben riss? bewegte den Träumer zutiefst, denn jener Mann war der Träumer selbst. Zwei Jahre vorher hatte er eine Forschungsreise durch ein felsiges, ödes Land unternommen. Seine Expeditionsgruppe wurde unerbittlich von den wilden Einwohnern jenes Gebietes verfolgt und nachts angegriffen, sodass etliche der Teilnehmer ums Leben kamen. Er hatte diese äußerst gefährliche Reise unternommen, weil zu der Zeit *das Leben keinen Sinn für ihn hatte.* Das Gefühl, das er hatte, als er sich in dieses Abenteuer einließ, war, dass er *das Schicksal versuchte.* Und die Ursache seiner Verzweiflung? Mehrere Jahre lang hatte er allein in einem Land mit sehr gefährlichem Klima gelebt. Während eines Urlaubs in Europa vor zweieinhalb Jahren machte er die Bekanntschaft einer jungen Frau. Sie verliebten sich ineinander, und die junge Frau wollte ihn heiraten. Er wusste jedoch, dass er in das mörderische Klima der Tropen zurückkehren musste, und er wollte keine Frau dorthin mitnehmen, um sie nicht einem nahezu sicheren Tode preiszugeben. Nach langen inneren Kämpfen, die ihn in tiefe Verzweiflung stürzten, löste er deshalb das Verlöbnis. In diesem Seelenzustand begann er seine gefährliche Reise. Die Analyse des Traumes endet nicht mit dieser Feststellung, denn die Wunscherfüllung ist noch nicht evident. Da ich aber diesen Traum nur zitiere, um die Aufdeckung des zugrundeliegenden Komplexes zu zeigen, ist der Fortgang der Analyse für uns ohne Interesse.

In diesem Fall war der Träumer ein offener und mutiger Mann. Ein bisschen weniger Offenheit oder ein Gefühl von Verlegenheit oder Misstrauen mir gegenüber, und er hätte den Komplex nicht eingestanden. Es gibt sogar Leute, die feierlich versichert hätten, der Traum habe keinerlei Bedeutung und meine Frage sei völlig irrelevant. In derartigen Fällen ist der Widerstand zu groß, und der Komplex kann nicht aus der Tiefe direkt ins Bewusstsein gehoben werden. Gewöhnlich ist der Widerstand so stark, dass eine direkte Befragung, wenn sie nicht von einem sehr erfahrenen Analytiker durchgeführt wird, ergebnislos bleibt. Mit der Entdeckung der »psychoanalytischen Methode« hat Freud uns ein wertvolles Instrument zur Lösung oder Bewältigung der zähesten Widerstände in die Hand gegeben.

Diese Methode wird folgendermaßen praktiziert: Man wählt einen besonders auffallenden Teil des Traumes und fragt dann die betreffende Person nach Assoziationen, die sie daran knüpft. Sie wird aufgefordert, offen zu sagen, was ihr zu diesem Teil des Traumes einfällt, wobei jede Kritik so weit wie möglich ausgeschaltet werden soll. Kritik ist nichts anderes als die Zensur; sie ist der Widerstand gegen den Komplex und neigt dazu, das Wichtigste zu unterdrücken.

Der Betreffende sollte deshalb absolut alles sagen, was ihm in den Sinn kommt, ohne überhaupt darauf zu achten, was es ist. Das ist zuerst immer schwierig, besonders bei einer introspektiven Befragung, bei der die Aufmerksamkeit nicht so weit unterdrückt werden kann, dass die hemmende Wirkung der Zensur ausgeschaltet wird. Denn gegen sich selbst hat man die stärksten Widerstände. Der folgende Fall zeigt den Verlauf einer Analyse bei starken Widerständen.

Ein Mann, dessen Innenleben ich nicht kannte, erzählte mir folgenden Traum: *»Ich befand mich in einem kleinen Zimmer und saß an einem Tisch neben Papst Pius X., der viel schönere Gesichtszüge hatte als in Wirklichkeit, was mich überraschte. Nebenan sah ich einen großen Raum mit einem prächtig gedeckten Tisch und vielen Damen in Abendkleidern. Plötzlich fühlte ich das Bedürfnis, zu urinieren, und ging hinaus. Bei meiner Rückkehr wiederholte sich das Bedürfnis; ich ging wieder hinaus, und so geschah es mehrere Male. Schließlich wachte ich auf, mit dem gleichen Bedürfnis.«*

Der Träumer, ein sehr intelligenter und gebildeter Mann, erklärte sich selbst den Traum natürlich als durch Blasenreiz verursacht. Tatsächlich werden Träume dieser Art immer so erklärt.

Er bestritt nachdrücklich die Existenz irgendwelcher Komponenten von großer individueller Bedeutsamkeit in diesem Traum. Es stimmte, dass die Fassade des Traums nicht sehr durchsichtig war, und ich konnte nicht wissen, was dahintersteckte. Meine erste Folgerung war, dass der Träumer einen starken Widerstand hatte, weil er so viel Energie darauf verwandte, zu behaupten, der Traum sei bedeutungslos.

Infolgedessen wagte ich nicht, die indiskrete Frage zu stellen: Warum haben Sie sich mit dem Papst verglichen? Ich fragte ihn nur nach seinen Assoziationen zu »Papst«. Die Analyse entwickelte sich folgendermaßen:

Papst. »Der Papst lebt herrlich in der Welt ...« (ein bekanntes Studentenlied). Man muss wissen, dass dieser Mann einunddreißig Jahre alt und unverheiratet war.

Neben dem Papst sitzen. »Genau so saß ich neben einem Scheich einer muselmanischen Sekte, bei der ich in Arabien zu Gast war. Der Scheich ist eine Art Papst.«

Der Papst lebt ehelos, der Moslem polygam. Der Traumgedanke scheint klar zu sein: »Ich bin Junggeselle wie der Papst, aber ich möchte gern viele Frauen haben wie der Moslem.« Ich sagte nichts über diese Vermutungen.

Das Zimmer und der Saal mit dem gedeckten Tisch. »Das sind Räume im Haus meines Vetters, wo ich vor vierzehn Tagen an einem großen Bankett teilgenommen habe.«

Die Damen in Abendkleidern. »Bei diesem Bankett waren auch Damen, die Töchter meines Vetters, Mädchen im heiratsfähigen Alter.«

Hier hielt er inne: Er hatte keine weiteren Assoziationen. Das Auftreten dieses als »Gedankenentzug« bekannten Phänomens lässt immer den Schluss zu, dass man auf eine Assoziation gestoßen ist, die starken Widerstand weckt. Ich fragte:

Und diese jungen Mädchen? »Ach, nichts; neulich war eine von ihnen in F. Sie blieb einige Zeit bei uns. Als sie abreiste, begleitete ich sie mit meiner Schwester zum Bahnhof.«

Wieder eine Sperrung; ich half ihm weiter, indem ich fragte:

Was geschah dann? »Ach, ich dachte gerade (dieser Gedanke war offenbar durch den Zensor unterdrückt worden), dass ich etwas zu meiner Schwester gesagt hatte, worüber wir lachen mussten, aber ich habe völlig vergessen, was es war.«

Trotz seiner ernsthaften Versuche, sich zu erinnern, gelang es ihm zunächst nicht, sich ins Gedächtnis zu rufen, was er damals gesagt hatte. Hier handelt es sich um einen ganz normalen Fall von Vergessen, das durch Sperrung verursacht worden ist. Plötzlich erinnerte er sich: »Auf dem Weg zum Bahnhof trafen wir einen Herrn, der uns grüßte und den ich zu kennen glaubte. Später fragte ich meine Schwester: ›War das der Herr, der sich für die Cousine interessiert?‹«

Sie ist jetzt mit diesem Herrn verlobt, und ich muss hinzufügen, dass die Familie des Vetters sehr wohlhabend war und dass der Träumer sich auch für das Mädchen interessierte, aber zu spät gekommen war.

Das Bankett im Hause des Vetters. »Ich muss in nächster Zeit zur Hochzeit von zweien meiner Freunde gehen.«

Das Gesicht des Papstes. »Die Nase war außerordentlich fein geformt und ein bisschen spitz.«

Wer hat eine solche Nase? (Lachend:) »Eine junge Frau, für die ich mich momentan sehr interessiere.«

War am Gesicht des Papstes noch irgendetwas auffällig? »Ja, sein Mund. Es war ein sehr wohlgeformter Mund. (Lachend:) Ein anderes junges Mädchen, das mir ebenfalls sehr gefällt, hat einen ähnlichen Mund.«

Dieses Material reicht aus, um einen großen Teil des Traumes zu erhellen. Der »Papst« ist ein gutes Beispiel für das, was Freud eine »Verdichtung« nennen würde. In erster Linie symbolisiert er den Träumer (Junggesellenleben), und zweitens ist er eine Umgestaltung des polygamen Scheichs. Außerdem ist er die Person, die während eines Banketts neben dem Träumer sitzt, das heißt eine oder vielmehr zwei Damen – die beiden Damen, die den Träumer interessieren.

Aber wie kommt es, dass dieses Material sich mit dem Bedürfnis, zu urinieren, verbindet? Um die Antwort auf diese Frage zu finden, formulierte ich die Situation folgendermaßen: »Sie nahmen an einer Trauung teil und befanden sich in Gegenwart einer jungen Dame, als Sie das Bedürfnis, zu urinieren, verspürten?« »Ja, das ist mir tatsächlich einmal passiert. Es war sehr unangenehm. Ich war zur Hochzeit eines Verwandten eingeladen worden, als ich ungefähr elf Jahre alt war. In der Kirche saß ich neben einem Mädchen, das so alt war wie ich. Die Zeremonie dauerte ziemlich lange, und ich merkte, dass ich urinieren musste. Aber ich unterdrückte den Drang, bis es zu spät war. Ich machte meine Hose nass.«

Die Assoziation der Heirat mit dem Wunsch, zu urinieren, datiert von jenem Vorfall her. Ich will diese Analyse, die hier noch nicht beendet ist, nicht weiter verfolgen, damit dieser Aufsatz nicht zu lang wird. Was ich beschrieben habe, genügt aber, um die

Technik, den Vorgang der Analyse zu zeigen. Es ist offensichtlich unmöglich, dem Leser einen zusammenfassenden Überblick über diese neuen Gesichtspunkte zu geben. Nicht nur für ein Verständnis der Träume, sondern auch für das Verstehen der Hysterie und der meisten wichtigen Geisteskrankheiten bedeutet die psychoanalytische Methode eine erhebliche Hilfe.

Die psychoanalytische Methode, die überall angewendet wird, hat bereits eine beträchtliche deutschsprachige Fachliteratur zu verzeichnen. Ich bin überzeugt davon, dass das Studium dieser Methode äußerst wichtig ist, und zwar nicht nur für Psychiater und Neurologen, sondern auch für Psychologen, folgende Werke sind zu empfehlen: Für normale Psychologie Freud, *»Die Traumdeutung«*, und *»Der Witz und seine Beziehung zum Unbewussten«*. Für die Neurosen Breuer und Freud, *»Studien über Hysterie«*; Freud, *»Bruchstück einer Hysterie-Analyse«*. Für die Psychosen Jung, *»Über die Psychologie der Dementia praecox«*. Die Schriften von Maeder in den *»Archives de psychologie«* geben ebenfalls eine ausgezeichnete Zusammenfassung von Freuds Ideen.[4]

4 Vgl. Bibliografie.

Allgemeine Gesichtspunkte zur Psychologie des Traumes[5]

Der Traum ist ein psychisches Gebilde, das im Gegensatz zu sonstigen Bewusstseinsinhalten nach Form und Bedeutungsgehalt anscheinend nicht in der Kontinuität der Entwicklung der Bewusstseinsinhalte liegt. Jedenfalls erscheint der Traum in der Regel als kein integrierender Bestandteil des bewussten Seelenlebens, sondern als ein mehr äußerliches, anscheinend zufälliges Erlebnis. Die Gründe für diese Ausnahmestellung des Traumes liegen in seiner besonderen Entstehungsweise: Er geht nicht, wie andere Bewusstseinsinhalte, aus einer klar ersichtlichen, logischen und emotionalen Kontinuität des Erlebens hervor, sondern ist ein Überbleibsel einer eigenartigen psychischen Tätigkeit, welche während des Schlafes stattfindet. Diese Entstehungsweise schon isoliert den Traum von den übrigen Inhalten des Bewusstseins, ganz besonders aber noch sein eigentümlicher Inhalt, der sich zu dem bewussten Denken in auffälligem Kontrast befindet.

Ein aufmerksamer Beobachter wird aber unschwer entdecken, dass der Traum doch nicht ganz aus der Kontinuität des Bewusstseins herausfällt, indem fast bei jedem Traum gewisse Einzelheiten aufzufinden sind, welche von Eindrücken, Gedanken, Stimmun-

---

[5] Erstmals auf englisch erschienen als »The Psychology of Dreams« in: *Collected Papers on Analytical Psychology*, herausgegeben von Constance E. Long. Bailliere, Tindall and Cox, London 1916. Das ursprüngliche Manuskript, stark erweitert, wurde unter dem jetzigen Titel publiziert in: *Über die Energetik der Seele.* (Psychologische Abhandlungen II) Rascher, Zürich 1928. Noch einmal bearbeitet und etwas erweitert in: *Über psychische Energetik und das Wesen der Träume.* (Psychologische Abhandlungen II) Rascher, Zürich 1948; Paperback 1965. In: GW 8, §§ 443–529.

gen des oder der Vortage herkommen. Insofern besteht also doch eine gewisse Kontinuität, zunächst nach *rückwärts*. Es wird wohl keinem, der dem Traumproblem ein lebhaftes Interesse widmet, entgangen sein, dass der Traum auch eine Kontinuität nach *vorwärts* besitzt, wenn dieser Ausdruck gestattet ist, indem gelegentlich Träume bemerkenswerte Wirkungen auf das bewusste Geistesleben hinterlassen, auch bei Personen, die nicht als abergläubisch oder besonders abnorm betrachtet werden dürfen. Diese gelegentlichen Nachwirkungen bestehen meist in mehr oder weniger deutlichen Alterationen der Stimmung.

Wohl vermöge dieser lockeren Anfügung an den übrigen Bewusstseinsinhalt ist der Traum hinsichtlich der Wiedererinnerung ein äußerst labiles Gebilde. Viele Träume entziehen sich der Reproduktion sofort nach dem Erwachen, andere sind nur mit höchst zweifelhafter Treue zu reproduzieren, und nur relativ wenige sind als eigentlich klar und sicher reproduzierbar zu bezeichnen. Dieses eigentümliche Verhalten gegenüber der Reproduktion lässt sich auch aus der Qualität der im Traum auftretenden Vorstellungsverbindungen verstehen. Im Unterschied zum logisch gerichteten Vorstellen, das wir als ein besonderes Charakteristikum des bewussten Geistesprozesses betrachten dürfen, ist die Vorstellungsverbindung im Traum eine wesentlich fantastische; eine Assoziationsart, welche Zusammenhänge liefert, die dem Wirklichkeitsdenken in der Regel ganz fremd sind.

Diesem Charakter verdankt der Traum das vulgäre Epitheton »sinnlos«. Bevor wir dieses Urteil aussprechen, müssen wir uns aber darauf besinnen, dass der Traum und sein Zusammenhang etwas ist, das *wir* nicht verstehen. Wir würden mit einem solchen Urteil also zunächst bloß unser Nichtverstehen auf das Objekt projizieren. Das würde aber nicht hindern, dass dem Traum ein ihm eigentümlicher Sinn innewohnt.

Abgesehen von den jahrtausendealten Bemühungen, dem Traum einen prophetischen Sinn anzudeuten, ist die Entdeckung Freuds praktisch der erste Versuch, in den Sinn der Träume einzudringen; ein Versuch, dem das Attribut »wissenschaftlich« zuerkannt werden darf, indem dieser Forscher eine Technik angegeben hat, von der nicht nur er selbst, sondern auch sehr viele andere Forscher behaupten, dass sie zum Ziel, nämlich zum Verstehen des Traumsinnes führe; eines Sinnes, der nicht identisch mit den fragmentarischen Sinnandeutungen des manifesten Trauminhaltes ist.

Es ist hier nicht der Ort, mich mit der Traumpsychologie Freuds kritisch auseinanderzusetzen. Ich will mich vielmehr bemühen, das in Kürze darzustellen, was wir heute als mehr oder weniger sichere Errungenschaften der Traumpsychologie betrachten dürfen.

Zunächst müssen wir uns mit der Frage beschäftigen, woher wir überhaupt die Berechtigung ableiten, dem Traum einen anderen Sinn beizumessen als jenen unbefriedigenden fragmentarischen des manifesten Traumgebildes. Ein Argument, das in dieser Hinsicht besonders ins Gewicht fällt, ist die Tatsache, dass Freud den verborgenen Traumsinn *empirisch und nicht deduktiv* gefunden hat. Ein weiteres Argument zugunsten eines möglichen verborgenen oder nicht manifesten Traumsinnes liefert die Vergleichung der Traumfantasie mit sonstigen Fantasien des Wachzustandes in einem und demselben Individuum. Es ist nicht schwierig einzusehen, dass solche Wachfantasien nicht bloß einen oberflächlichen, konkretistischen Sinn haben, sondern auch einen tieferen, psychologischen Sinn. Es geschieht lediglich aus dem Grund der Kürze, die ich mir hier auferlegen muss, dass ich solche Materialien nicht vorlege. Ich möchte aber darauf aufmerksam machen, dass ein sehr alter und weitverbreiteter Typus der Fantasieerzählung, für den zum Beispiel die Aesop'sche Tierfabel charakteristisch ist, das, was vom Sinn der Fantasien zu sagen ist, gut illustriert. Es wird zum Beispiel irgendeine Fantasie von den Taten des Löwen und des Esels erzählt. Der konkrete Oberflächensinn der Erzählung ist ein unmögliches Phantasma, der darin verborgene moralische Sinn ist aber für jedermann, der nachdenkt, offenbar. Charakteristisch ist, dass Kinder sich schon am exoterischen Sinn der Fabel genügen und erfreuen können.

Weitaus das beste Argument für die Existenz eines verborgenen Traumsinnes aber liefert die gewissenhafte Anwendung des technischen Verfahrens zur Auflösung des manifesten Trauminhaltes. Damit gelangen wir zum zweiten Hauptpunkt, nämlich zur Frage des analytischen Verfahrens. Auch hier möchte ich die Ansichten und Entdeckungen Freuds weder verteidigen noch kritisieren, sondern mich auf das mir gesichert Erscheinende beschränken. Wenn wir von der Tatsache ausgehen, dass der Traum ein psychisches Gebilde ist, so haben wir zunächst nicht den geringsten Anlass, anzunehmen, dass die Konstitution und Bestimmung dieses Gebildes anderen Gesetzen und Absichten gehorche als irgendein anderes psychisches Gebilde. Nach dem Satz »Principia explicandi praeter necessitatem non sunt multiplicanda«[6] haben wir den Traum analytisch so zu behandeln wie irgendein anderes psychisches Gebilde, bis wir durch anders lautende Erfahrungen eines Besseren belehrt werden.

Wir wissen, dass jedes psychische Gebilde, vom Kausalstandpunkt aus betrachtet, die Resultante vorausgegangener psychischer Inhalte ist. Wir wissen ferner, dass jedes psychische Gebilde, vom finalen Standpunkt aus betrachtet, einen ihm eigentümlichen Sinn und Zweck im aktuellen psychischen Geschehen hat. Dieser Maßstab muss auch an den Traum angelegt werden. Wenn wir also den Traum psychologisch zu erklären haben, so müssen wir zuerst einmal wissen, aus was für vorgängigen Erlebnissen er zusammengesetzt ist. Wir verfolgen daher jedes Stück des Traumbildes in seine Antezedentien. Ich gebe ein Beispiel: Jemand träumt, *er geht auf der Straße, vor ihm springt ein Kind, das plötzlich von einem Automobil überfahren wird.*

---

[6] [Erklärungsprinzipien sollen nicht über das Notwendige hinaus vermehrt werden.]

Wir reduzieren dieses Traumbild mithilfe der Erinnerungen des Träumers auf die Antezedentien. Die Straße erkennt er als eine bestimmte Straße, durch die er tags zuvor gegangen ist. Das Kind erkennt er als das Kind seines Bruders, dem er am Vorabend des Traumes einen Besuch gemacht hat, wobei er das Kind sah. Der Automobilunfall erinnert an einen Unfall, der tatsächlich einige Tage zuvor stattgefunden hat, von dem er aber bloß in der Zeitung gelesen hat. Bekanntlich begnügt sich das Vulgärurteil mit einer derartigen Reduktion. Man sagt: »Aha, darum habe ich diese Sache geträumt.«

Selbstverständlich ist vom wissenschaftlichen Standpunkt aus diese Reduktion ganz ungenügend. Der Träumer ist tags zuvor durch viele Straßen gegangen, warum wählte sein Traum aber gerade diese Straße? Der Träumer hat von mehreren Unfällen gelesen, warum wählte er gerade diesen? Mit der Aufdeckung eines antecedens ist also noch nicht Genügendes geleistet, indem erst die Konkurrenz mehrerer causae eine plausible Determination der Traumbilder ergeben kann. Die weitere Materialaufnahme erfolgt nach demselben Prinzip der Wiedererinnerung, das man auch als *Einfallsmethode* bezeichnet hat. Diese Aufnahme ergibt, wie leicht verständlich, ein sehr mannigfaltiges und zum Teil heterogenes Material, welches anscheinend bloß das eine gemeinsam hat, dass es sich nämlich als mit dem Trauminhalt assoziativ verbunden erwiesen hat, sonst wäre es vom Trauminhalt aus nicht reproduzierbar gewesen.

Es ist nun eine technisch wichtige Frage, wie weit die Materialaufnahme zu gehen hat. Da in der Seele schließlich von jedem Punkt aus der ganze Lebensinhalt aufzurollen ist, so kann man theoretisch zu jedem Traum den ganzen vorgängigen Lebensinhalt aufnehmen. Wir brauchen aber nur so viel Material, als wir zum Begreifen des Traumsinnes unbedingt nötig haben. Die Beschränkung des Materials ist selbstverständlich ein arbiträrer Vorgang nach dem Grundsatz Kants, wonach Begreifen nichts anderes ist, als *in dem Maß erkennen, als zu unserer Absicht hin-*

reichend ist[7]. Wenn wir zum Beispiel die causae der Französischen Revolution aufnehmen, so können wir in der Materialaufnahme nicht nur die mittelalterliche Geschichte Frankreichs, sondern auch noch die römische und griechische Geschichte aufnehmen, was »zu unserer Absicht« allerdings nicht »notwendig ist«, denn wir können die historische Entstehung der Revolution auch bei weit beschränkterem Material ebenso gut begreifen. Wir gehen daher in der Materialaufnahme zu einem Traum so weit, als es uns nötig erscheint, um einen verwertbaren Sinn aus dem Traum gewinnen zu können.

Die Materialaufnahme liegt außerhalb der Willkür des Forschers bis auf die erwähnte arbiträre Beschränkung. Das aufgenommene Material muss nun einem Sichtungsprozess unterworfen werden, und zwar einer Durcharbeitung, deren Prinzip man in jeder Durcharbeitung eines historischen oder sonstigen erfahrungswissenschaftlichen Materials verwendet. Es handelt sich um eine im Wesentlichen vergleichende Methode, welche natürlich nicht automatisch arbeitet, sondern vom Geschick des Forschers und seiner Absicht zu einem guten Teil abhängt.

Wenn ein psychologisches Faktum erklärt werden soll, so ist daran zu erinnern, dass das Psychologische eine doppelte Betrachtungsweise erfordert, nämlich die *kausale* und die *finale*. Ich spreche absichtlich von final, um eine Konfusion mit dem Begriff des Teleologischen zu vermeiden. Mit Finalität möchte ich bloß die immanente psychologische Zielstrebigkeit bezeichnen. Statt »Zielstrebigkeit« ließe sich auch sagen »Zwecksinn«. Allen psychologischen Phänomenen wohnt ein solcher Sinn inne, auch den bloß reaktiven Phänomenen wie zum Beispiel den emotionalen Reaktionen. Der Zorn über eine zugefügte Beleidigung hat den Zwecksinn in der Rache, eine zur Schau getragene Trauer hat den Zwecksinn der Erregung des Mitleids bei den anderen.

---

[7] Vgl. Einleitung zu: Kant, *Die Logik*, S. 377.

Insofern wir auf das zum Traum aufgenommene Material eine kausale Betrachtungsweise anwenden, reduzieren wir den manifesten Trauminhalt auf gewisse durch das Material dargestellte Grundtendenzen oder Grundgedanken. Als solche sind diese naturgemäß von elementarer und allgemeiner Natur. Ein junger Patient träumt zum Beispiel: *»Ich stehe in einem fremden Garten und pflücke von einem Baum einen Apfel. Ich schaue mich vorsichtig um, ob mich auch niemand sieht.«*

Das Traummaterial lautet: Eine Erinnerung, dass er einmal als Junge in einem fremden Garten ein paar Birnen unerlaubterweise pflückte. Das Gefühl des bösen Gewissens, das im Traum besonders hervorgehoben ist, erinnert ihn an eine Situation des Vortages. Er traf eine ihm bekannte, aber sonst gleichgültige junge Dame auf der Straße und wechselte mit ihr einige Worte. In dem Moment kam ein ihm bekannter Herr vorüber, da befiel ihn plötzlich ein merkwürdiges Gefühl der Verlegenheit, etwa wie wenn er ein böses Gewissen hätte. Zu Apfel fällt ihm die Paradiesszene ein und die Tatsache, dass er eigentlich nie verstanden hat, warum das unerlaubte Essen des Apfels so schlimme Folgen für die Ureltern haben konnte. Er habe sich über die damalige Ungerechtigkeit Gottes immer geärgert, denn Gott habe die Menschen doch so geschaffen, wie sie sind, mit all ihrer Neugierde und Begehrlichkeit.

Weiter falle ihm sein Vater ein, der ihn auch manchmal für gewisse Dinge unbegreiflicherweise gestraft habe. Am ärgsten sei er gestraft worden, als er einmal dabei ertappt wurde, wie er die Mädchen beim Baden heimlich beobachtete. Daran schließt sich das Geständnis, dass er jüngst einen noch nicht bis zum natürlichen Ende durchgeführten Liebeshandel mit einem Zimmermädchen angefangen hat. Am Vorabend des Traumes hatte er mit ihr ein Rendezvous.

Wenn wir dieses Material überblicken, so sehen wir, dass der Traum eine sehr durchsichtige Beziehung hat zum Ereignis des Vortages. Die Apfelszene zeigt durch das mit ihr assoziativ verbundene Material, dass sie offenbar als erotische Szene gemeint ist. Es dürfte ja auch aus allen möglichen anderen Gründen als überaus wahrscheinlich angesehen werden, dass dieses Erlebnis des Vortages bis in die Träume weiterwirkt. Im Traum pflückt der junge Mann den paradiesischen Apfel, den er nämlich in Wirklichkeit noch nicht gepflückt hat. Das übrige zum Traum assoziierte Material beschäftigt sich mit einem anderen Ereignis des Vortages, nämlich mit dem eigentümlichen Gefühl von *bösem Gewissen*, das den Träumer befiel, als er mit der ihm gleichgültigen jungen Dame sprach, sodann mit dem Sündenfall im Paradies und zuletzt mit einer erotischen Sünde seiner Kindheit, für die er vom Vater streng bestraft worden war. Diese Assoziationen bewegen sich auf der Linie der *Schuld*.

Wir wollen zunächst die kausale Betrachtungsweise Freuds auf das gegebene Material anwenden, das heißt, wir wollen diesen Traum, wie Freud sich ausdrückt, »deuten«. Vom Vortag des Traumes bleibt ein unerledigter Wunsch übrig. Dieser Wunsch wird im Traum unter dem Symbol der Apfelszene erfüllt. Warum erfolgt nun diese Erfüllung verhüllt, das heißt in einem symbolischen Bild statt in einem klaren sexuellen Gedanken? Freud verweist auf das in diesem Material unverkennbare Moment der Schuld und sagt: Die von Kindheit an dem jungen Mann aufgedrängte Moralität, welche derartige Wünsche zu unterdrücken sucht, ist es, welche dem natürlichen Begehren den Stempel des Peinlichen und Unverträglichen aufdrückt. Daher könne sich der verdrängte peinliche Gedanke nur »symbolisch« durchsetzen. Weil diese Gedanken mit dem moralischen Bewusstseinsinhalt unverträglich sind, so sorgt eine von Freud angenommene psychische Instanz, die er als *Zensur* bezeichnet, dafür, dass dieser Wunsch nicht unverhüllt ins Bewusstsein übertritt.

Die finale Betrachtungsweise des Traumes, welche ich der Freud'schen Anschauung gegenüberstelle, bedeutet, wie ich ausdrücklich feststellen möchte, nicht eine Leugnung der causae des Traumes, wohl aber eine andere Interpretation der zum Traum gesammelten Materialien. Die Tatsachen, nämlich eben die Materialien, bleiben dieselben, aber der Maßstab, mit dem sie gemessen werden, ist ein anderer. Die Frage lässt sich einfach folgendermaßen formulieren: Wozu dient dieser Traum? Was soll er bewirken? Diese Fragestellung ist insofern nicht willkürlich, als man sie auf alle psychischen Tätigkeiten anwenden kann. Man kann überall nach dem Warum und dem Wozu fragen, weil jedes organische Gebilde aus einem komplizierten Aufbau zweckmäßiger Funktionen besteht und jede Funktion auch in einer Reihe von zweckmäßig orientierten Einzeltatsachen aufzulösen ist.

Es ist klar, dass zu dem erotischen Erlebnis des Vortages durch den Traum ein Material beigebracht wird, welches in erster Linie das Moment der Schuld im erotischen Handeln betont. Die gleiche Assoziation hat sich schon in jenem anderen Erlebnis des Vortages, nämlich beim Zusammentreffen mit der indifferenten Dame, als wirksam erwiesen, indem auch dort das Gefühl des bösen Gewissens sich automatisch und überraschenderweise dazugesellt hat, etwa wie wenn der junge Mann auch dort etwas Unrechtes getan hätte. Auch dieses Erlebnis spielt in den Traum hinein und wird dort noch durch die Assoziation weiteren entsprechenden Materials verstärkt, indem das erotische Erlebnis des Vortages etwa in der Form des paradiesischen Sündenfalles, der so hart bestraft wurde, dargestellt wird.

Ich sage nun: Es sei eine dem Träumer unbewusste Neigung oder Tendenz vorhanden, sein erotisches Erleben ihm als Schuld darzustellen. Charakteristischerweise erfolgt im Traum die Assoziation des Sündenfalls, von dem der junge Mann auch nie begriffen hat, warum er so drakonisch bestraft wurde. Diese Assoziation wirft ein Licht auf die Gründe, warum der Träumer nicht einfach gedacht hat: »Es ist nicht recht, was ich tue.« Offenbar weiß er es nicht, dass er sein erotisches Handeln auch als moralisch unrichtig verwerfen könnte. Dies ist tatsächlich der Fall. Er glaubt bewusst, dass sein Verhalten moralisch ganz indifferent sei, indem alle seine Freunde ja das Gleiche täten und er auch aus sonstigen

Gründen durchaus nicht begreifen könne, warum man daraus ein Aufhebens mache.

Ob man nun diesen Traum als sinnreich oder sinnlos anzusehen hat, liegt an einer sehr beträchtlichen Frage, ob nämlich der Standpunkt der seit alters überlieferten Moralität sinnreich sei oder sinnlos. Ich will mich nicht in eine philosophische Diskussion über diese Frage verirren, sondern bloß bemerken, dass die Menschheit offenbar sehr gute Gründe hatte, diese Moral zu erfinden, sonst wäre wahrhaftig nicht einzusehen, warum sie einem stärksten Begehren Schranken entgegengesetzt hat. Wenn wir diese Tatsache würdigen, so müssen wir diesen Traum als sinnreich erklären, indem er nämlich dem jungen Mann eine gewisse Notwendigkeit vor Augen führt, sein erotisches Handeln einmal unter dem Gesichtspunkt der Moral ins Auge zu fassen. Schon Stämme auf ganz primitiver Stufe haben zum Teil eine außerordentlich strenge Sexualgesetzgebung. Diese Tatsache beweist, dass speziell die Sexualmoral ein nicht zu unterschätzender Faktor in der höheren seelischen Funktion ist, weshalb er voll in Rechnung gestellt zu werden verdient. Es wäre also in diesem Fall zu sagen, dass der junge Mann etwas gedankenlos, hypnotisiert von dem Beispiel seiner Freunde, seinem erotischen Begehren folgt, uneingedenk der Tatsache, dass der Mensch auch ein moralisch verantwortliches Wesen ist, indem er ja selbst die Moral erschaffen hat und freiwillig oder widerwillig sich seiner eigenen Schöpfung beugt.

Wir können in diesem Traum eine balancierende Funktion des Unbewussten erkennen, welche darin besteht, dass diejenigen Gedanken, Neigungen und Tendenzen der menschlichen Persönlichkeit, welche im bewussten Leben zu wenig zur Geltung kommen, andeutungsweise in Funktion treten im Zustand des Schlafes, wo der Bewusstseinsprozess in hohem Maß ausgeschaltet ist.

Man kann nun allerdings die Frage aufwerfen: Was soll es dem Träumer nützen, wenn er den Traum doch nicht versteht?

Ich muss darauf bemerken, dass das Verstehen kein ausschließlich intellektueller Prozess ist, indem, wie die Erfahrung zeigt, unzählige Dinge den Menschen beeinflussen, ja sogar in höchst wirksamer Weise überzeugen können, ohne dass sie intellektuell verstanden wären. Ich erinnere bloß an die Wirksamkeit der religiösen Symbole.

Nach dem hier gegebenen Beispiel könnte man leicht auf den Gedanken kommen, die Funktion der Träume sei direkt als eine »moralische« zu verstehen. Es sieht zwar in dem vorhin gegebenen Beispiel so aus, aber wenn wir uns der Formel erinnern, nach der die Träume die jeweils subliminalen Materialien enthalten, dann können wir nicht mehr von einer »moralischen« Funktion schlechthin reden. Es ist nämlich zu bemerken, dass die Träume von solchen Menschen, die moralisch unanfechtbar handeln, Materialien zutage fördern, welche als »unmoralisch« im landläufigen Sinn bezeichnet werden müssen. So ist es charakteristisch, wenn der heilige Augustin froh war, Gott für seine Träume nicht verantwortlich zu sein. Das Unbewusste ist das jeweils nicht Gewusste, weshalb es nicht erstaunlich ist, dass der Traum zu der jeweiligen bewussten psychologischen Situation alle diejenigen Aspekte beibringt, die für einen total verschiedenen Standpunkt der Betrachtung wesentlich wären. Es ist ersichtlich, dass diese Funktion des Traumes eine psychologische Balancierung bedeutet, eine Ausgleichung, die zum geordneten Handeln unbedingt erforderlich ist. Wie es im bewussten Überlegungsprozess unerlässlich ist, dass wir uns möglichst alle Seiten und Konsequenzen eines Problems klarmachen, um die richtige Lösung zu finden, so setzt sich dieser Prozess auch automatisch in den mehr oder weniger bewusstlosen Schlafzustand fort, wo, wie es nach den bisherigen Erfahrungen scheint, all diejenigen Gesichtspunkte wenigstens andeutungsweise dem Träumenden einfallen, welche am Tage ungenügend oder gar nicht gewürdigt wurden, das heißt relativ unbewusst waren.

Was nun den viel diskutierten *Symbolismus* der Träume betrifft, so ist seine Bewertung eine sehr verschiedene, je nachdem er von dem kausalen oder finalen Standpunkt aus betrachtet wird.

Freuds kausale Betrachtungsweise geht vom Begehren aus, das heißt vom verdrängten Traumwunsch. Dieses Begehren ist immer ein relativ einfaches und elementares, das sich hinter mannigfaltigen Hüllen verbergen kann. So könnte etwa der junge Mann im vorhin gegebenen Beispiel ebenso gut geträumt haben, er habe mit einem Schlüssel eine Türe zu öffnen, er fahre mit einem Aeroplan, er küsse seine Mutter usw. Es könnte von diesem Standpunkt aus alles dieselbe Bedeutung haben. Auf diesem Wege ist die engere Freud'sche Schule dazu gelangt, um ein krasses Beispiel zu geben, so ziemlich alle länglichen Gegenstände im Traum als phallische und alle runden oder hohlen Gegenstände als weibliche Symbole zu erklären.

Für die finale Betrachtungsweise haben die Bilder des Traums den ihnen eigentümlichen Wert. Wenn zum Beispiel der junge Mann statt der Apfelszene geträumt hätte, er habe mit dem Schlüssel eine Türe zu öffnen, so wäre wohl entsprechend dem veränderten Traumbild ein wesentlich anderes Assoziationsmaterial herausgekommen, welches die bewusste Situation in einer anderen Weise ergänzt hätte als das Material zur Apfelszene. Für diesen Standpunkt liegt das Sinnreiche gerade in der Verschiedenheit der symbolischen Ausdrücke im Traum und nicht in deren Eindeutigkeit. Die kausale Betrachtungsweise tendiert, ihrer Natur entsprechend, zur Eindeutigkeit, das heißt zu festen Symbolbedeutungen. Die finale Betrachtungsweise dagegen sieht im veränderten Traumbild den Ausdruck einer veränderten psychologischen Situation. Sie kennt keine festen Symbolbedeutungen. Von ihrem Standpunkt aus sind die Traumbilder an sich wichtig, indem sie nämlich in sich selbst die Bedeutung tragen, um derentwillen sie im Traum überhaupt auftreten. Wenn wir beim vorhin gegebenen Beispiel bleiben, so sehen wir, dass vom finalen Standpunkt aus das Symbol im Traum mehr den Wert einer Parabel hat; es verhüllt nicht, sondern es lehrt. Die Apfelszene erinnert deutlich an das Moment der Schuld, zugleich verhüllt sie die Tat der ersten Eltern.

Je nach dem Standpunkt der Betrachtungsweise gelangen wir, wie ersichtlich, zu sehr verschiedenen Auffassungen des Traumsinnes. Es fragt sich nun, welche Auffassung die bessere oder richtigere sei. Dass wir überhaupt eine Auffassung vom Traumsinn haben müssen, das ist für uns Therapeuten zunächst eine praktische und keine theoretische Notwendigkeit. Wenn wir unsere Patienten behandeln wollen, so müssen wir uns aus ganz konkreten Gründen der Mittel zu bemächtigen suchen, welche uns in den Stand setzen, den Kranken wirksam zu erziehen. Es dürfte aus dem oben gegebenen Beispiel ohne Weiteres ersichtlich sein, dass die Materialaufnahme zu dem Traum eine Frage aufgerollt hat, welche geeignet ist, dem jungen Mann über vieles die Augen zu öffnen, über das er vorher gedankenlos hinweggegangen ist. Indem er aber darüber hinwegging, ging er über sich selbst weg, denn er besitzt eine moralische Kritik und ein moralisches Bedürfnis wie irgendein anderer Mensch. Wenn er also ohne Berücksichtigung dieses Umstandes zu leben versucht, so lebt er einseitig und unvollständig, sozusagen inkoordiniert, was für das psychologische Leben die gleichen Folgen hat wie eine einseitige und unvollständige Diät für den Körper. Um eine Individualität zu ihrer Vollständigkeit und Selbstständigkeit zu erziehen, bedürfen wir der Assimilation aller derjenigen Funktionen, die bisher zu wenig oder gar nicht zur bewussten Entfaltung gelangt sind. Um dieses Ziel zu erreichen, müssen wir aus therapeutischen Gründen auf alle jene unbewussten Aspekte der Dinge, die uns die Traummaterialien beibringen, eintreten. Es ist daher leicht ersichtlich, dass gerade die finale Betrachtungsweise der praktischen Individualerziehung eine große Hilfe bedeutet.

Dem naturwissenschaftlichen Geist unserer Zeit, der streng kausalistisch denkt, liegt die kausale Betrachtung viel mehr. In Hinsicht einer naturwissenschaftlichen Erklärung der Traumpsychologie dürfte daher die Freud'sche kausale Betrachtungsweise außerordentlich viel für sich haben. Aber ich muss ihre Vollständigkeit bestreiten, denn die Psyche ist nicht bloß kausal zu erfassen, sondern erfordert auch eine finale Betrachtung. Erst eine Vereinigung beider Gesichtspunkte, die heutzutage wegen vorhandener enormer Schwierigkeiten theoretischer wie praktischer Natur in wissenschaftlich befriedigender Weise noch nicht vollzogen ist, vermag uns eine vollkommenere Auffassung vom Wesen des Traumes zu geben.

Ich möchte nun noch einige weitere Probleme der Traumpsychologie, die von der allgemeinen Erörterung des Traumproblems abseits liegen, kurz behandeln. Zunächst die Frage der *Klassifikation der Träume*. Ich möchte die praktische sowie theoretische Bedeutung dieser Frage nicht zu hoch einschätzen. Ich habe jährlich ein Material von 1500 bis 2000 Träumen zu bearbeiten, und ich konnte bei dieser Erfahrung konstatieren, dass es tatsächlich typische Träume gibt. Sie sind aber nicht zu häufig, und sie verlieren unter der finalen Betrachtungsweise viel von der Wichtigkeit, die sie hinsichtlich der feststehenden Symbolbedeutung für die kausale Auffassung haben. Die typischen Motive in den Träumen scheinen mir von größerer Wichtigkeit zu sein, indem sie nämlich eine Vergleichung mit den mythologischen Motiven erlauben. Viele von jenen mythologischen Motiven, um deren Aufstellung sich namentlich Frobenius außerordentliche Verdienste erworben hat, finden sich auch in den Träumen vieler Menschen, oft genau mit derselben Bedeutung. Der beschränkte Raum erlaubt es mir leider nicht, darüber ausführliche Materialien vorzulegen. Es ist dies anderenorts geschehen. Ich muss aber hervorheben, dass die Vergleichung der typischen Traummotive mit den mythologischen Motiven den Gedanken nahelegt, das Traumdenken, wie es schon Nietzsche tat, als eine phylogenetisch ältere Art des Denkens aufzufassen. Wie das gemeint ist, mag statt vieler anderer Beispiele das vorhin erwähnte Traumbeispiel zeigen. Wie erinnerlich, brachte jener Traum die Apfelszene als einen typischen Repräsentanten der erotischen Schuld. Der daraus abstrahierte Gedanke würde lauten: »Ich tue Unrecht, indem ich so handle.« Charakteristischerweise drückt sich der Traum fast nie in dieser logisch abstrakten Weise aus, sondern immer in parabolischer oder Gleichnissprache. Diese Eigentümlichkeit ist zugleich ein Charakteristikum primitiver Sprachen, deren blumenreiche Wendungen uns immer auffallen. Wenn man sich an die Denkmäler alter Literatur erinnert, zum Beispiel an die Gleichnissprache der Bibel, so findet man, dass das, was heute durch die Abstraktion besorgt wird, damals auf dem Weg des Gleichnisses erreicht wurde. Selbst ein Philosoph wie Platon hat es nicht verschmäht, gewisse grundlegende Ideen auf dem Gleichnisweg auszudrücken.

Wie unser Körper die Spuren seiner phylogenetischen Entwicklung an sich trägt, so auch der menschliche Geist. Die Möglichkeit, dass die Gleichnissprache unserer Träume ein archaisches Relikt ist, hat darum nichts Überraschendes.

Zugleich ist in unserem Beispiel der Apfelraub eines der typischen Traummotive, das in vielen verschiedenen Abwandlungen in vielen Träumen wiederkehrt. Ebenso ist dieses Bild ein wohlbekanntes mythologisches Motiv, das uns nicht nur in der Paradieserzählung, sondern außerdem noch in zahlreichen Mythen und Märchen aus allen Zeiten und Zonen entgegentritt. Es ist eines der allgemein menschlichen Bilder, die in jedem zu jeder Zeit autochthon wieder auftreten können. Auf diese Weise eröffnet uns die Psychologie des Traumes den Weg zu einer allgemeinen vergleichenden Psychologie, von der wir ein gleiches Verständnis für die Entwicklung und Struktur der menschlichen Seele erwarten, wie es die vergleichende Anatomie uns hinsichtlich des menschlichen Körpers beschert hat.

Der Traum vermittelt uns also in Gleichnissprache, das heißt in sinnlich-anschaulicher Darstellung Gedanken, Urteile, Auffassungen, Direktiven, Tendenzen, welche aus Gründen der Verdrängung oder des bloßen Nichtwissens unbewusst waren. Weil sie Inhalt des Unbewussten sind und weil der Traum ein Derivat der unbewussten Prozesse ist, so enthält er eben eine Darstellung der unbewussten Inhalte. Er gibt aber nicht eine Darstellung der unbewussten Inhalte überhaupt, sondern nur gewisser Inhalte, welche assoziativ angezogen und ausgewählt sind durch die momentane Bewusstseinslage. Ich halte diese Konstatierung für einen praktisch sehr wichtigen Gesichtspunkt. Wenn wir einen Traum richtig deuten wollen, so bedürfen wir einer gründlichen Kenntnis der momentanen Bewusstseinslage, denn der Traum enthält deren unbewusste Ergänzung, nämlich das Material, das durch die momentane Bewusstseinslage im Unbewussten konstelliert ist. Ohne diese Kenntnis ist es unmöglich, einen Traum hinlänglich richtig zu deuten – von Zufallstreffern natürlich abgesehen. Ich möchte zur Illustration des Gesagten ein Beispiel geben:

Es kam einmal ein Herr zu mir zu einer erstmaligen Konsultation. Er erklärte mir, dass er allerhand gelehrte Liebhabereien habe und sich auch für die Psychoanalyse literarisch interessiere. Er sei durchaus gesund und komme daher als Patient gar nicht in Betracht. Er verfolge lediglich psychologische Interessen. Er ist sehr wohlhabend und hat viel Zeit übrig, um sich mit allem Möglichen zu beschäftigen. Er will meine Bekanntschaft machen, um sich von mir in die theoretischen Geheimnisse der Analyse einführen zu lassen. Es müsse für mich allerdings sehr uninteressant sein, mich mit einem normalen Menschen befassen zu müssen, da »Verrückte« für mich jedenfalls interessanter seien. Er hatte mir einige Tage zuvor geschrieben und mich angefragt, wann ich ihn empfangen könne. Im Lauf der sich entspinnenden Unterhaltung kamen wir bald auf die Frage der Träume. Ich schloss daran die Frage, ob er nicht in der Nacht, bevor er zu mir kam, einen Traum gehabt hätte. Er bejahte und erzählte mir folgenden Traum: *»Ich bin in einem kahlen Zimmer, eine Art Krankenschwester empfängt mich und will mich nötigen, an einen Tisch zu sitzen, auf dem eine Flasche Kefir steht, den ich trinken sollte. Ich wollte zu Dr. Jung, aber die Krankenschwester sagte mir, ich sei in einem Spital und Dr. Jung habe keine Zeit, mich zu empfangen.«*

Es ist schon aus dem manifesten Trauminhalt ersichtlich, dass die Erwartung des Besuches bei mir das Unbewusste irgendwie konstelliert hat. Die Einfälle ergeben Folgendes. Zum kahlen Zimmer: »Eine Art von frostigem Empfangsraum, wie in einem offiziellen Gebäude, Aufnahmezimmer in einem Spital. Ich war nie in einem Spital als Patient.« Zur Krankenschwester: »Sie sah widerwärtig aus, sie schielte. Da fällt mir eine Kartenschlägerin und Handleserin ein, die ich einmal besuchte, um mir prophezeien zu lassen. Ich war einmal krank, da hatte ich eine Diakonissin als Pflegerin.« Zu der Kefirflasche: »Kefir ist ekelhaft, ich kann es nicht trinken. Meine Frau trinkt immer Kefir, worüber ich sie verspotte, weil sie den Spleen hat, man müsse immer etwas für seine Gesundheit tun. Da fällt mir ein, ich war einmal in einem Sanatorium – ich war herunter in den Nerven – und musste dort Kefir trinken.«

Ich unterbrach ihn hier mit der indiskreten Frage, ob denn seitdem seine Neurose ganz verschwunden sei. Er versuchte sich herauszuwinden, musste aber schließlich gestehen, dass er seine Neurose immer noch habe und dass eigentlich seine Frau ihn schon längst genötigt hätte, mich einmal zu konsultieren. Er fühlte sich aber gar nicht so nervös, dass er mich deshalb konsultieren müsste, er sei doch nicht verrückt, und ich behandelte doch bloß Verrückte. Es hätte ihn nur interessiert, meine psychologischen Theorien kennenzulernen usw.

Aus diesem Material ist ersichtlich, wie der Patient sich die Situation zurechtgefälscht hat; es entspräche nämlich seinem Geschmack, bei mir als Philosoph und Psychologe aufzutreten und die Tatsache seiner Neurose im Hintergrund verschwinden zu lassen. Der Traum erinnert ihn aber in sehr unangenehmer Weise daran und zwingt ihn zur Wahrheit. Er muss diesen bitteren Trank schlucken. Die Kartenschlägerin deckt die Art auf, in der er sich meine Tätigkeit eigentlich vorgestellt hat. Wie ihm der Traum zeigt, muss er sich erst einer Behandlung unterwerfen, bevor er zu mir gelangen kann.

Der Traum rektifiziert die Situation. Er bringt das bei, was auch noch dazugehört, und verbessert dadurch die Einstellung.

Dies ist der Grund, warum wir bei unserer Therapie der Traumanalyse bedürfen.

Ich möchte mit diesem Beispiel allerdings nicht den Eindruck erwecken, als ob alle Träume so einfach wären wie dieser oder als ob alle Träume diesen selben Typus hätten. Meines Erachtens sind zwar alle Träume kompensatorisch zum Bewusstseinsinhalt, aber lange nicht in allen Träumen tritt die kompensierende Funktion so deutlich zutage wie in diesem Beispiel. Obschon der Traum mit beiträgt zur psychologischen Selbststeuerung, indem er automatisch alles Verdrängte und nicht Beachtete oder nicht Gewusste herbeibringt, so ist seine kompensatorische Bedeutung doch oft nicht ohne Weiteres klar, weil wir noch über eine sehr unvollkommene Erkenntnis vom Wesen und von den Bedürfnissen der menschlichen Seele verfügen. Es gibt aber psychologische Kompensationen, die anscheinend weit weg liegen. In diesen Fällen muss man sich immer daran erinnern, dass jeder Mensch in gewissem Sinn die ganze Menschheit und ihre Geschichte repräsentiert. Und was in der Geschichte der Menschheit im Großen möglich war, ist im Kleinen auch in jedem Einzelnen möglich. Wessen die Menschheit bedurfte, bedarf gegebenenfalls auch der Einzelne. Es ist daher nicht erstaunlich, dass in den Träumen religiöse Kompensationen eine große Rolle spielen. Dass dies gerade in unserer Zeit vielleicht in vermehrtem Maß der Fall ist, ist eine natürliche Folge des vorherrschenden Materialismus unserer Weltanschauung.

Dass aber die kompensatorische Bedeutung der Träume weder eine neue Erfindung noch eine künstliche, durch Interpretationsabsicht erzeugte Erscheinung ist, geht aus einem alten, wohlbekannten Traumbeispiel hervor, das sich im vierten Kapitel des Propheten *Daniel* (7–13) findet: Als Nebukadnezar auf der Höhe seiner Macht stand, hatte er folgenden Traum:

»7. … siehe, ein Baum stand mitten auf der Erde; der war sehr hoch. 8. Der Baum wuchs und wurde stark, sein Wipfel reichte

bis an den Himmel, seine Krone bis ans Ende der ganzen Erde.
9. Sein Laubwerk war schön, und er trug Früchte die Fülle, Nah-
rung für alle war an ihm. Unter ihm fanden Schatten die Tiere des
Feldes, in seinen Zweigen wohnten die Vögel des Himmels und
von ihm nährte sich alles Lebende. 10. Dann sah ich in den Ge-
sichten, die mir auf meinem Lager vor Augen traten, wie ein
Wächter, ein Heiliger vom Himmel herabstieg. 11. Er rief mit
mächtiger Stimme und gebot: Hauet den Baum um und schnei-
det seine Zweige ab, schlagt sein Laub herunter und zerstreut
seine Früchte! Das Getier fliehe unter ihm weg und die Vögel aus
seinen Zweigen! 12. Doch seinen Wurzelstock lasst in der Erde, in
Banden von Eisen und Erz, im Grün des Feldes; vom Tau des
Himmels soll er benetzt werden und mit dem Getier teilhaben an
den Kräutern der Erde. 13. Sein Menschenherz soll ihm genom-
men und ein Tierherz soll ihm gegeben werden, und sieben Zei-
ten sollen über ihn dahingehen.«

Im zweiten Teil des Traumes personifiziert sich der Baum, sodass man leicht sieht, dass der große Baum der träumende König selbst ist. Daniel deutet den Traum auch dementsprechend. Sein Sinn ist unmissverständlich eine versuchsweise Kompensation des Cäsarenwahnsinns, der dann nach dem Bericht in eine richtige Geistesstörung übergegangen ist. Die Auffassung des Traumprozesses als eines kompensatorischen Vorganges dürfte meines Erachtens dem Wesen des biologischen Prozesses überhaupt entsprechen. Freuds Auffassung bewegt sich in der gleichen Richtung, indem sie dem Traum ebenfalls eine kompensatorische Rolle zuschreibt, nämlich hinsichtlich der Erhaltung des Schlafes. Es gibt, wie Freud gezeigt hat, viele Träume, welche dartun, wie gewisse Reize, die geeignet sind, den Träumer dem Schlaf zu entreißen, in einer Weise entstellt werden, dass sie der Absicht des Schlafenwollens beziehungsweise des Nichtgestörtseinwollens förderlich sind. Ebenso gibt es zahllose Träume, in denen, wie Freud wiederum zeigen konnte, intrapsychische Störungsreize wie das Auftreten von persönlichen Vorstellungen, die geeignet sind, stärkere affektive Reaktionen auszulösen, in einer solchen Weise entstellt werden, dass sie sich einem Traumzusammenhang einfügen, der die peinlichen Vorstellungen in einem Maß verhüllt, dass eine stärkere Affektbetonung verunmöglicht wird.

Demgegenüber darf aber die Tatsache nicht übersehen werden, dass es eben gerade die Träume sind, welche den Schlaf am meisten stören, dass es sogar Träume gibt – und zwar nicht wenige –, deren dramatisches Gefüge sozusagen logisch auf eine höchst affektvolle Situation hinzielt und sie auch dermaßen vollständig erzeugt, dass der Affekt den Träumer unbedingt weckt. Die Freud'sche Auffassung erklärt solche Träume damit, dass es der Zensur nicht mehr gelungen sei, den peinlichen Affekt zu unterdrücken. Es scheint mir, dass diese Erklärung den Tatsachen nicht gerecht wird. Jene Fälle, wo die Träume sich manifest mit den peinlichen Erlebnissen oder Vorstellungsinhalten des Taglebens in der unangenehmsten Weise beschäftigen und gerade die am meisten störenden Gedanken in peinlichster Deutlichkeit zur Darstellung bringen, sind allbekannt. Es wäre meines Erachtens ungerechtfertigt, hier von einer schlafbewahrenden, affektverhüllenden Funktion des Traumes zu reden. Man müsste in diesen Fällen die Wirklichkeit geradezu umkehren, um darin eine Bestätigung der vorhin erwähnten Auffassung herauszulesen. Dasselbe gilt auch von jenen Fällen, wo verdrängte Sexualfantasien unverhüllt im manifesten Trauminhalt auftreten.

Ich bin daher zur Ansicht gekommen, dass die Freud'sche Auffassung, die Träume hätten wesentlich wunscherfüllende und schlafbewahrende Funktion, zu eng ist, wennschon der Grundgedanke einer biologischen kompensierenden Funktion sicher richtig ist. Diese kompensierende Funktion hat nur in beschränktem Maß mit dem Schlafzustand selbst zu tun, ihre Hauptbedeutung aber bezieht sich auf das bewusste Leben. *Die Träume verhalten sich kompensatorisch zur jeweiligen Bewusstseinslage.* Sie erhalten, wenn möglich, den Schlaf, das heißt, sie tun es notgedrungen und automatisch unter dem Einfluss des Schlafzustandes, durchbrechen ihn aber auch, wenn ihre Funktion es erfordert, das heißt, wenn die kompensatorischen Inhalte so intensiv sind, dass sie den Schlaf aufzuheben vermögen. Ein kompensatorischer Inhalt ist besonders intensiv, wenn er eine vitale Bedeutung für die bewusste Orientierung hat.

Ich habe schon 1906 auf die kompensatorischen Beziehungen zwischen dem Bewusstsein und den abgespaltenen Komplexen hingewiesen und deren Zweckmäßigkeitscharakter auch hervorgehoben.[8] Ebenso hat dies Flournoy getan, unabhängig von meinen Ansichten.[9] Aus diesen Beobachtungen geht die Möglichkeit von zweckorientierten unbewussten Impulsen hervor. Es ist aber hervorzuheben, dass die finale Orientierung des Unbewussten keineswegs mit den bewussten Absichten parallel geht; in der Regel kontrastiert der unbewusste Inhalt sogar mit dem Bewusstseinsinhalt, was besonders dann der Fall ist, wenn die bewusste Einstellung sich zu ausschließlich in einer bestimmten Richtung bewegt, welche den vitalen Notwendigkeiten des Individuums gefährlich zu werden droht. Je einseitiger und je weiter wegführend vom Optimum der Lebensmöglichkeit die bewusste Einstellung ist, desto eher ist die Möglichkeit vorhanden, dass lebhafte Träume von stark kontrastierendem, aber zweckmäßig kompensierendem Inhalt als Ausdruck der psychologischen Selbststeuerung des Individuums auftreten. So wie der Körper ebenfalls in zweckmäßiger Weise auf Verletzungen oder Infektionen oder abnorme Lebensweise reagiert, so reagieren auch die psychischen Funktionen auf unnatürliche oder gefährdende Störungen mit zweckmäßigen Abwehrmitteln. Zu diesen zweckmäßigen Reaktionen gehört meines Erachtens der Traum, indem er zu einer gegebenen Bewusstseinslage das unbewusste, dazu konstellierte Material in einer symbolischen Kombination dem Bewusstsein zuführt. In diesem unbe-

---

8 Vgl. Jung, *Über die Psychologie der Dementia praecox.*

9 Flournoy, *Automatisme téléologique antisuicide*, S. 113 ff.

wussten Material finden sich alle diejenigen Assoziationen, die um ihrer schwachen Betonung willen unbewusst blieben, die aber doch so viel Energie besitzen, um sich im Schlafzustand bemerkbar zu machen. Natürlich ist die Zweckmäßigkeit des Trauminhaltes nicht dem manifesten Trauminhalt ohne Weiteres schon von außen anzusehen, sondern es bedarf der Analyse des manifesten Trauminhaltes, um zu den eigentlich kompensatorischen Faktoren des latenten Trauminhaltes zu gelangen. Von dieser wenig offenkundigen, sozusagen indirekten Natur sind aber die meisten körperlichen Abwehrerscheinungen, deren zweckmäßige Natur auch erst durch vertiefte Erfahrung und genaue Untersuchung erkannt worden ist. Ich erinnere an die Bedeutung des Fiebers und an die Eiterungsvorgänge in einer infizierten Wunde.

Der Umstand, dass die kompensierenden psychischen Vorgänge fast immer von sehr individueller Natur sind, erschwert den Nachweis ihres kompensatorischen Charakters ganz beträchtlich. Da es sich in der Regel um individuelle Vorgänge handelt, so ist es, gerade für den Anfänger auf diesem Gebiet, oft schwierig einzusehen, inwiefern ein Trauminhalt kompensatorische Bedeutung hat. Man wäre zum Beispiel geneigt anzunehmen, nach der Kompensationstheorie müsste jemand, der eine zu pessimistische Einstellung zum Leben hat, sehr heitere und optimistische Träume haben. Diese Erwartung trifft aber nur zu bei einem Menschen, der sich durch diese Art einer gewissen Aufmunterung in günstigem Sinn anregen lässt. Wenn er aber eine etwas andere Natur hat, dann haben die Träume zweckmäßigerweise einen noch viel schwärzeren Charakter als seine bewusste Einstellung. Sie können dann das Prinzip similia similibus curantur befolgen.

Es ist also nicht leicht, irgendwelche spezielle Regeln für die Art der Traumkompensation aufzustellen. Der Charakter der Kompensation hängt jeweils innigst zusammen mit dem ganzen Wesen des Individuums. Die Möglichkeiten der Kompensation sind zahllos und unerschöpflich, obschon mit steigender Erfahrung sich gewisse Grundzüge allmählich herauskristallisieren werden.

Mit der Aufstellung einer Kompensationstheorie möchte ich allerdings nicht zugleich behaupten, dass dies die einzig mögliche Theorie des Traumes sei oder dass damit *alle* Erscheinungen des Traumlebens vollständig erklärt seien. Der Traum ist ein außerordentlich komplexes Phänomen, genauso kompliziert und unergründlich wie die Phänomene des Bewusstseins. Ebenso wenig, wie es angebracht wäre, die Bewusstseinsphänomene alle unter dem Gesichtswinkel der Wunscherfüllungs- oder Triebtheorie verstehen zu wollen, ist es wahrscheinlich, dass die Traumphänomene sich so einfach erklären ließen. Aber auch ebenso wenig dürfen wir die Traumphänomene als bloß kompensatorisch und sekundär zum Bewusstseinsinhalt ansehen, obschon, nach der allgemeinen Ansicht, das Bewusstseinsleben für die Existenz des Individuums von ungleich größerer Bedeutung ist als das Unbewusste. Diese allgemeine Ansicht dürfte aber noch zu revidieren sein, denn mit steigender Erfahrung wird sich auch die Einsicht vertiefen, dass die Funktion des Unbewussten im Leben der Psyche von einer Wichtigkeit ist, von der wir vielleicht jetzt noch eine zu geringe Meinung haben. Es ist gerade die analytische Erfahrung, welche in steigendem Maß Einflüsse des Unbewussten auf das bewusste Seelenleben aufdeckt – Einflüsse, deren Existenz und Bedeutung die bisherige Erfahrung übersah. Nach meiner Ansicht, die sich auf eine langjährige Erfahrung und zahlreiche Untersuchungen gründet, ist die Bedeutung des Unbewussten für die Gesamtleistung der Psyche wahrscheinlich ebenso groß wie die des Bewusstseins. Sollte diese Ansicht richtig sein, dann dürfte nicht bloß die Funktion des Unbewussten als kompensatorisch und relativ zum Bewusstseinsinhalt betrachtet werden, sondern auch der Bewusstseinsinhalt als relativ zum momentan konstellierten unbewussten Inhalt. In diesem Fall wäre dann die aktive Orientierung nach Zweck und Absicht nicht nur ein Vorrecht des Bewusstseins, sondern würde auch vom Unbewussten gelten, sodass also das Unbewusste auch imstande wäre, so gut wie das Bewusstsein bisweilen eine final orientierte Führung zu übernehmen. Dementsprechend hätte dann der Traum vorkommenden Falles den Wert einer positiv leitenden Idee oder einer Zielvorstellung, die dem momentan konstellierten Bewusstseinsinhalt an vitaler Bedeutung überlegen wäre. Mit dieser meines Erachtens vorhandenen Möglichkeit kommt der consensus gentium überein, indem der Aberglaube aller Zeiten und Völker den Traum als wahrheitskündendes Orakel betrachtet. Wenn man von Übertreibung und Ausschließlichkeit absieht, so bleibt von dergleichen allgemein verbreiteten Vorstellungen immer ein Körnchen Wahrheit zurück. Maeder hat die prospektiv-finale Bedeutung des Traumes energisch hervorgehoben im Sinn einer zweckmäßigen unbewussten Funktion, welche die Lösung aktueller Konflikte und Probleme vorbereitend übt und durch tastend gewählte Symbole darzustellen sucht.[10]

Ich möchte die prospektive Funktion des Traumes unterscheiden von seiner kompensatorischen Funktion. Letztere bedeutet zunächst, dass das Unbewusste, als relativ zum Bewussten betrachtet, der Bewusstseinslage alle diejenigen Elemente angliedert, die am Vortag unterschwellig geblieben sind, und zwar aus Gründen der Verdrängung sowohl wie auch aus dem Grund, dass sie einfach zu schwach waren, als dass sie das Bewusstsein hätten erreichen können. Die Kompensation ist im Sinn der Selbststeuerung des psychischen Organismus als *zweckmäßig* zu bezeichnen.

Die prospektive Funktion dagegen ist eine im Unbewussten auftretende Antizipation zukünftiger bewusster Leistungen, etwa wie eine Vorübung oder wie eine Vorausskizzierung, ein im Voraus entworfener Plan. Sein symbolischer Inhalt ist gelegentlich der Entwurf einer Konfliktlösung, wofür Maeder treffende Belege gibt. Die Tatsächlichkeit solcher prospektiver Träume ist nicht zu leugnen. Es wäre ungerechtfertigt, sie prophetisch zu nennen, indem sie im Grunde genommen ebenso wenig prophetisch sind

---

10 Vgl. Maeder, *Sur le mouvement psychoanalytique*, S. 389 ff.; ders., *Über die Funktion des Traumes*, S. 692 ff.; ders., *Über das Traumproblem*, S. 647 ff.

wie eine Krankheits- oder Wetterprognose. Es handelt sich bloß um eine Vorauskombinierung der Wahrscheinlichkeiten, die gegebenenfalls allerdings mit dem wirklichen Verhalten der Dinge auch zusammentreffen kann, aber nicht notwendigerweise zusammentreffen und in allen Einzelheiten übereinstimmen muss. Nur in diesem letzteren Fall dürfte man von Prophetie sprechen. Dass die prospektive Funktion des Traumes der bewussten Vorauskombinierung gelegentlich bedeutend überlegen ist, ist insofern nicht erstaunlich, als der Traum aus der Verschmelzung unterschwelliger Elemente hervorgeht, also eine Kombination aller derjenigen Wahrnehmungen, Gedanken und Gefühle ist, welche dem Bewusstsein, um ihrer schwachen Betonung willen, entgangen sind. Außerdem kommen dem Traum noch die unterschwelligen Erinnerungsspuren zu Hilfe, welche das Bewusstsein nicht mehr wirksam zu beeinflussen vermögen. Hinsichtlich der Prognosenstellung ist daher der Traum gelegentlich in einer viel günstigeren Lage als das Bewusstsein.

Obschon meines Erachtens die prospektive Funktion eine wesentliche Eigenschaft des Traumes ist, so tut man doch gut daran, diese Funktion nicht zu überschätzen, da man sonst leicht der Meinung verfällt, der Traum sei eine Art von Psychopompos, der aus überlegener Kenntnis heraus dem Leben eine untrügliche Richtung zu verleihen imstande sei. So sehr man auf der einen Seite die psychologische Bedeutung des Traumes unterschätzt, so groß ist auch die Gefahr für den, der sich viel mit Traumanalyse beschäftigt, dass er das Unbewusste in seiner Bedeutung für das reale Leben überschätzt. Wir haben aber aus allen bisherigen Erfahrungen heraus ein Recht anzunehmen, dass die Bedeutung des Unbewussten der des Bewusstseins annähernd gleichkomme. Es gibt zweifellos bewusste Einstellungen, die vom Unbewussten überragt werden, das heißt bewusste Einstellungen, die dem Wesen der Individualität als Ganzem dermaßen schlecht angepasst sind, dass die unbewusste Einstellung oder Konstellation einen ungleich besseren Ausdruck dafür darstellt. Dies ist aber lange nicht immer der Fall. Sehr häufig ist es sogar so, dass der Traum bloß Fragmente zur bewussten Einstellung beiträgt, weil eben in diesem Fall die bewusste Einstellung einerseits bereits in fast genügendem Maß der Realität angepasst ist und andererseits auch dem Wesen des Individuums annähernd Genüge tut. Eine mehr oder weniger ausschließliche Berücksichtigung des Traumstandpunktes unter Übergehung der Bewusstseinslage wäre in diesem Fall schlecht angebracht und nur geeignet, die bewusste Leistung zu verwirren und zu zerstören. Nur bei einer offenkundig ungenügenden und defekten bewussten Einstellung hat man ein Recht, dem Unbewussten einen höheren Wert zuzubilligen. Die Maßstäbe, die zu einer solchen Beurteilung erforderlich sind, bilden allerdings ein delikates Problem für sich. Es ist selbstverständlich, dass der Wert der bewussten Einstellung niemals von einem ausschließlich kollektiv orientierten Standpunkt aus gemessen werden kann. Dazu ist vielmehr eine gründliche Erforschung der infrage kommenden Individualität nötig, und nur aus einer genauen Kenntnis des individuellen Charakters lässt sich entscheiden, in welchem Maß die bewusste Einstellung ungenügend ist. Wenn ich den Nachdruck auf die Kenntnis des individuellen Charakters lege, so meine ich damit noch nicht, dass die Forderung des kollektiven Standpunktes gänzlich zu vernachlässigen wäre. Das Individuum ist bekanntlich keineswegs allein durch sich selbst bestimmt, sondern ebenso sehr auch durch seine kollektive Bezogenheit. Wenn daher die bewusste Einstellung annähernd genügend ist, dann beschränkt sich die Bedeutung des Traumes auf seine bloß kompensatorische Funktion. Dieser Fall dürfte für den normalen Menschen unter normalen inneren und äußeren Bedingungen die Regel sein. Aus diesem Grund scheint mir die Kompensationstheorie die im Allgemeinen richtige und den Tatsachen angemessene Formel zu geben, indem sie dem Traum die Bedeutung einer in Hinsicht der Selbststeuerung des psychischen Organismus kompensatorischen Funktion gibt.

Wenn der Fall von der Norm in dem Sinn abweicht, dass die bewusste Einstellung objektiv wie subjektiv unangepasst ist, dann gewinnt die für gewöhnlich bloß kompensierende Funktion des Unbewussten an Wichtigkeit und erhöht sich zu einer *führenden, prospektiven Funktion,* die imstande ist, der bewussten Einstellung eine gänzlich veränderte und der früheren gegenüber verbesserte Richtung zu geben, wie dies Maeder in seinen oben erwähnten Arbeiten mit Erfolg nachgewiesen hat. In diese Rubrik gehören Träume nach dem Muster des Nebukadnezar-Traumes. Es ist einleuchtend, dass Träume dieser Art sich hauptsächlich bei Individuen finden, die unterhalb ihres eigenen Wertes geblieben sind. Ebenso einleuchtend ist, dass dieses Missverhältnis sehr häufig vorkommt. Wir kommen daher öfters in den Fall, den Traum unter dem Gesichtswinkel seines prospektiven Wertes zu betrachten.

Nun ist aber noch eine Seite des Traumes in Betracht zu ziehen, welche keineswegs übersehen werden darf. Es gibt viele Menschen, deren bewusste Einstellung hinsichtlich der Anpassung an die Umwelt nicht defekt ist, wohl aber in Hinsicht des Ausdruckes des eigenen Charakters. Es sind dies also Menschen, deren bewusste Einstellung und Anpassungsleistung die individuellen Möglichkeiten überschreiten, das heißt, sie scheinen besser und wertvoller als sie sind. Diese äußerliche Mehrleistung wird natürlich nie aus den individuellen Mitteln allein bestritten, sondern sogar zum größeren Teil aus den dynamischen Reserven der Kollektivsuggestion. Solche Menschen erklimmen eine höhere Stufe, als ihrem Wesen entspricht, zum Beispiel vermöge der Wirkung eines Kollektivideals oder der Lockung eines Kollektivvorteils oder der Unterstützung durch die Sozietät. Sie sind im Grunde genommen ihrer äußeren Höhe innerlich nicht gewachsen, weshalb in allen diesen Fällen das Unbewusste eine negativkompensierende, das heißt eine reduzierende Funktion hat. Es ist klar, dass eine Reduktion oder Entwertung unter diesen Umständen ebenfalls kompensierend ist im Sinne einer Selbststeuerung, ebenso, dass diese reduzierende Funktion auch eminent prospektiv sein kann. (Vergleiche den Nebukadnezar-Traum.) Wir verbinden mit dem Begriff des »Prospektiven« gerne die Anschauung von etwas Aufbauendem, Vorbereitendem und Synthetischem. Um den reduzierenden Träumen aber gerecht zu werden, müssten wir diese Anschauung vom Begriff des »Prospektiven« reinlich abtrennen, denn der reduzierende Traum hat eine Wirkung, die nichts weniger als vorbereitend oder aufbauend oder synthetisch ist, er ist vielmehr zersetzend, auflösend, entwertend, sogar zerstörend und herunterreißend. Damit soll natürlich nicht gesagt sein, dass die Assimilation eines reduktiven Inhaltes durchaus eine destruktive Wirkung auf das Individuum als Ganzes haben müsse, im Gegenteil ist die Wirkung oft eine sehr heilsame, insofern nämlich bloß die Einstellung davon betroffen wird und nicht die ganze Persönlichkeit. Diese sekundäre Wirkung ändert aber nichts am Charakter des Traumes, der durchaus ein reduzierendes und retrospektives Gepräge trägt und der um dessentwillen auch nicht als »prospektiv« bezeichnet werden sollte. Es ist aus Gründen einer exakten Qualifizierung daher empfehlenswert, solche Träume als *reduktive* Träume und die entsprechende Funktion als *reduzierende Funktion des Unbewussten* zu bezeichnen, obschon es sich im Grunde genommen stets um dieselbe kompensierende Funktion handelt. Man muss sich aber an die Tatsache gewöhnen, dass ebenso wenig wie die bewusste Einstellung auch das Unbewusste immer denselben Aspekt darbietet. Es ändert sein Aussehen und seine Funktion ebenso sehr wie die bewusste Einstellung, weshalb es auch eine so besonders schwierige Unternehmung ist, einen anschaulichen Begriff vom Wesen des Unbewussten herzustellen.

Die reduzierende Funktion des Unbewussten ist uns in erster Linie durch die Forschungen Freuds deutlich gemacht worden. Seine Traumdeutung beschränkt sich im Wesentlichen auf die verdrängten persönlichen und infantil-sexuellen Untergründe des Individuums. Spätere Untersuchungen haben dann noch die

Brücke zu den archaischen Elementen, das heißt zu den überpersönlichen, historischen, phylogenetischen Funktionsresten im Unbewussten geschlagen. Wir können deshalb heute mit Sicherheit sagen, dass die reduzierende Funktion des Traumes ein Material konstelliert, das in der Hauptsache aus persönlichen Verdrängungen infantil-sexueller Wünsche (Freud), infantiler Machtansprüche (Adler) und überpersönlicher, archaischer Denk-, Gefühls- und Triebelemente zusammengesetzt ist. Die Reproduktion solcher Elemente, die durchaus retrospektiven Charakter haben, ist wie nichts geeignet, eine zu hohe Position wirksam zu untergraben und das Individuum auf seine menschliche Nichtigkeit und seine physiologische, historische und phylogenetische Bedingtheit herunterzusetzen. Jeder Schein von falscher Größe und Wichtigkeit zerfließt vor dem reduzierenden Bild des Traumes, der mit unbarmherziger Kritik und unter Heraufführung eines vernichtenden Materials, das sich durch eine vollendete Registrierung aller Peinlichkeiten und Schwächen auszeichnet, die bewusste Einstellung analysiert. Es verbietet sich von selbst, die Funktion eines solchen Traumes als prospektiv zu bezeichnen, da alles darin, bis in die letzte Faser, retrospektiv und auf eine längst begraben gewähnte Vergangenheit zurückgeführt ist. Dieser Umstand hindert natürlich nicht, dass der Trauminhalt auch kompensatorisch zum Bewusstseinsinhalt und natürlich final orientiert ist, indem die reduzierende Tendenz hinsichtlich der Angepasstheit des Individuums im gegebenen Fall von ganz besonderer Wichtigkeit ist. Aber der Charakter des Trauminhaltes ist ein reduktiver. Es geschieht oft, dass die Patienten selbst spontan herausfühlen, wie sich der Trauminhalt zur Bewusstseinslage verhält, und je nach dieser gefühlsmäßigen Erkenntnis wird der Trauminhalt als prospektiv, reduktiv oder kompensatorisch empfunden. Dies ist allerdings lange nicht immer der Fall, und es muss sogar hervorgehoben werden, dass im Allgemeinen, namentlich im Anfang einer analytischen Behandlung, der Patient eine unüberwindliche Neigung hat, die Ergebnisse der analytischen Durchforschung seines Materials hartnäckig im Sinn seiner pathogenen (krankmachenden) Einstellung aufzufassen.

Solche Fälle bedürfen einer gewissen Unterstützung vonseiten des Arztes, um in den Stand zu gelangen, den Traum richtig aufzufassen. Dieser Umstand macht es darum äußerst wichtig, wie der Arzt die bewusste Psychologie des Patienten beurteilt. Die Analyse der Träume ist nämlich nicht bloß eine praktische Anwendung einer Methode, die man handwerksmäßig erlernt, sondern sie setzt vielmehr eine Vertrautheit mit der ganzen analytischen Anschauungsweise voraus, eine Vertrautheit, die man nur dadurch gewinnt, dass man sich selbst hat analysieren lassen. Der größte Fehler nämlich, den ein Therapeut machen kann, ist der, dass er beim Analysanden eine der seinigen ähnliche Psychologie voraussetzt. Diese Projektion kann einmal zutreffen, meistens jedoch bleibt sie bloße Projektion. Alles, was unbewusst ist, ist auch projiziert, daher sollten wenigstens die wichtigsten Inhalte des Unbewussten dem Analytiker selbst bewusst sein, damit nicht unbewusste Projektion sein Urteil trübt. Jeder, der Träume bei anderen analysiert, sollte sich stets bewusst halten, dass es keine einfache und allgemein bekannte Theorie der psychischen Phänomene gibt, weder über ihr Wesen noch über ihre Ursachen noch über ihren Zweck. Wir besitzen daher keinen allgemeinen Maßstab des Urteils. Wir wissen, dass es vielerlei psychische Phänomene gibt. Was aber deren Wesen ist, darüber wissen wir nichts Gewisses. Wir wissen nur, dass die Betrachtung der Psyche von irgendeinem abgesonderten Standpunkt aus zwar ganz wertvolle Einzelheiten ergeben kann, aber nie eine zureichende Theorie, nach der man auch deduzieren könnte. Die Sexual- und Wunschtheorie, ebenso die Machttheorie sind schätzenswerte Gesichtspunkte, ohne jedoch der Tiefe und dem Reichtum der menschlichen Seele irgendwie gerecht werden zu können. Hätten wir eine solche Theorie, dann könnte man sich mit der handwerksmäßigen Erlernung der Methode begnügen. Dann wären nur noch gewisse Zeichen, die für bereits feststehende Inhalte gesetzt sind, zu lesen, wozu einige semiotische Regeln auswendig zu lernen wären. Die Kenntnis und richtige Beurteilung der Bewusstseinslage wäre dann so überflüssig wie bei einer Lumbalpunktion. Zum Leidwesen der viel beschäftigten Praktiker unserer Zeit verhält sich die Seele durchaus refraktär gegen jede Methode, welche von vornherein darauf ausgeht, sie von *einem* Standpunkt aus, abgesehen von allen anderen, zu erfassen. Von den Inhalten des Unbewussten wissen wir neben ihrer Unterschwelligkeit zunächst nur, dass sie in einem Kompensationsverhältnis zum Bewusstsein stehen und daher wesentlich relativer Natur sind. Für das Verständnis des Traumes ist daher die Kenntnis der Bewusstseinslage unerlässlich.

Mit den reduktiven, prospektiven oder schlechthin kompensierenden Träumen ist die Reihe der Bedeutungsmöglichkeiten nicht erschöpft. Es gibt einen Traum, den man einfach als *Reaktionstraum* bezeichnen könnte. Man wäre geneigt, in dieser Rubrik alle jene Träume unterzubringen, die im Wesentlichen nichts anderes zu sein scheinen als die Reproduktion eines bewussten affektvollen Erlebnisses, wenn nicht die Analyse solcher Träume den tieferen Grund aufdeckte, warum diese Erlebnisse so getreu im Traum reproduziert werden. Es stellt sich nämlich heraus, dass das Erlebnis noch über eine symbolische Seite verfügt, welche dem Individuum entgangen war, und einzig um dieser Seite willen wird das Erlebnis im Traum reproduziert. Diese Träume gehören aber nicht hierher, sondern bloß diejenigen, wo gewisse objektive Vorgänge ein psychisches Trauma gesetzt haben, dessen Formen nicht bloß psychisch sind, sondern auch zugleich eine physische Läsion des Nervensystems bedeuten. Diese Fälle von schwerem Schock hat der Krieg besonders reichlich erzeugt, und bei solchen Fällen dürften besonders viele reine Reaktionsträume erwartet werden, in denen das Trauma die mehr oder weniger ausschlaggebende Determinante darstellt.

Obschon es für die Gesamtfunktion der Psyche gewiss sehr wichtig ist, dass der traumatische Inhalt durch öfteres Erleben allmählich seine Autonomie einbüßt und sich auf diese Weise wieder in die psychische Hierarchie einfügt, so kann ein solcher Traum, der im Wesentlichen nur eine Reproduktion des Traumas ist, nicht wohl als kompensatorisch bezeichnet werden. Der Traum bringt zwar anscheinend ein abgespaltenes, autonomes Stück der Psyche zurück, aber es zeigt sich bald, dass die bewusste Assimilation des vom Traum reproduzierten Stückes die traumdeterminierende Erschütterung keineswegs zum Verschwinden bringt. Der Traum »reproduziert« ruhig weiter, das heißt, der autonom gewordene Inhalt des Traumas wirkt von sich aus, und zwar so lange, bis der traumatische Reiz völlig erloschen ist. Vorher nützt das bewusste »Realisieren« nichts.

Es ist im praktischen Fall nicht leicht zu entscheiden, ob ein Traum wesentlich reaktiv ist oder bloß symbolisch eine traumatische Situation reproduziert. Die Analyse kann aber die Frage entscheiden, indem in letzterem Fall die Reproduktion der traumatischen Szene durch eine richtige Deutung sofort zum Aufhören gebracht wird, während die reaktive Reproduktion sich durch die Traumanalyse nicht stören lässt.

Es ist selbstverständlich, dass wir den gleichen reaktiven Träumen auch besonders bei *krankhaften körperlichen Zuständen* begegnen, wo zum Beispiel heftige Schmerzen den Traumablauf entscheidend beeinflussen. Nach meiner Ansicht haben die somatischen Reize nur ausnahmsweise eine determinative Bedeutung. Gewöhnlich gehen sie ganz ein in den symbolischen Ausdruck des unbewussten Trauminhaltes, das heißt, sie werden mit als Ausdrucksmittel benützt. Nicht selten ergeben die Träume eine merkwürdige innere symbolische Verbindung zwischen einer zweifellos körperlichen Krankheit und einem bestimmten seelischen Problem, wobei die physische Störung geradezu als mimischer Ausdruck der psychischen Lage erscheint. Ich erwähne diese Merkwürdigkeit mehr der Vollständigkeit halber, als dass ich auf dieses problematische Gebiet einen besonderen Nachdruck verlegen wollte. Mir scheint aber, dass zwischen physischen und psychischen Störungen ein gewisser Zusammenhang existiert, dessen

Bedeutung man im Allgemeinen unterschätzt, allerdings andererseits auch wieder maßlos überschätzt, indem gewisse Richtungen die physische Störung bloß als einen Ausdruck der psychischen Störung verstehen wollen, wie dies zum Beispiel bei der Christian Science der Fall ist. Auf die Frage des Zusammenfunktionierens von Körper und Psyche werfen die Träume höchst interessante Streiflichter, weshalb ich diese Frage hier erwähne.

Als eine weitere Traumdeterminante muss ich das *telepathische Phänomen* anerkennen. Die allgemeine Tatsächlichkeit dieses Phänomens ist heutzutage nicht mehr zu bezweifeln. Selbstverständlich ist es sehr einfach, ohne Prüfung der vorhandenen Beweismaterialien die Existenz des Phänomens zu leugnen; aber das ist ein unwissenschaftliches Verhalten, das keinerlei Beachtung verdient. Ich habe die Erfahrung gemacht, dass das telepathische Phänomen auch die Träume beeinflusst, wie das übrigens schon seit den ältesten Zeiten behauptet wird. Gewisse Personen sind in dieser Hinsicht besonders empfindsam und haben öfters telepathisch beeinflusste Träume. Mit dieser Anerkennung des telepathischen Phänomens meine ich nicht auch zugleich eine bedingungslose Anerkennung der landläufigen theoretischen Auffassung vom Wesen der actio in distans. Das Phänomen existiert zweifellos, jedoch scheint mir seine Theorie nicht so einfach zu sein. Man muss in jedem Fall die Möglichkeiten der Assoziationskonkordanz berücksichtigen, des parallelen psychischen Ablaufes[11], der nachweisbar besonders in Familien eine sehr große Rolle spielt und sich unter anderem auch in der Gleichheit oder weitgehenden Ähnlichkeit der Einstellung manifestiert. Ebenso sehr kommt in Betracht der Faktor der *Kryptomnesie*, den besonders Flournoy hervorgehoben hat[12] und der gegebenenfalls die erstaunlichsten Phänomene veranlasst. Da im Traum sowieso das

---

[11] Vgl. Fürst, *Statistische Untersuchungen über Wortassoziationen und über familiäre Übereinstimmungen im Reaktionstypus bei Ungebildeten*, S. 95.

[12] Flournoy, *Des Indes à la planète Mars* und *Nouvelles observations sur un cas de somnabulisme avec glossolalie.*

subliminale Material sich bemerkbar macht, so ist es auch keineswegs sonderbar, wenn Kryptomnesie gelegentlich als determinierende Größe auftritt. Ich habe Gelegenheit gehabt, öfters telepathische Träume zu analysieren, darunter mehrere, deren telepathische Bedeutung im Moment der Analyse noch unbekannt war. Die Analyse hat ein subjektives Material ergeben wie jede andere Traumanalyse auch, und somit hatte der Traum seine auf die momentane Lage des Subjektes abgestimmte Bedeutung. Die Analyse ergab nichts, was darauf hingedeutet hätte, dass der Traum telepathisch war. Ich habe bis jetzt keinen Traum gefunden, bei dem der telepathische Inhalt zweifelsfrei im analytisch aufgebrachten Assoziationsmaterial (im »latenten Trauminhalt«) gelegen hätte. Er lag immer in der *manifesten Traumform.*

Gewöhnlich werden in der Literatur der telepathischen Träume nur diejenigen erwähnt, in denen eine besonders affektvolle Angelegenheit räumlich oder zeitlich »telepathisch« antizipiert wird, wo also gewissermaßen die menschliche Wichtigkeit des Ereignisses (zum Beispiel Todesfall) dessen Vorausahnung oder Fernperzeption erklärt oder wenigstens dem Verständnis näher rückt. Die telepathischen Träume, die ich beobachtet habe, entsprechen in der Mehrzahl diesem Muster. Eine Minderzahl dagegen zeichnet sich durch die merkwürdige Tatsache aus, dass der manifeste Trauminhalt eine telepathische Konstatierung enthält, die sich auf etwas gänzlich Belangloses bezieht, zum Beispiel das Gesicht eines unbekannten und ganz indifferenten Menschen oder eine gewisse Zusammenstellung von Möbeln an einem indifferenten Ort unter indifferenten Bedingungen, die Ankunft eines belanglosen Briefes usw. Mit dieser Konstatierung der Belanglosigkeit will ich natürlich nur sagen, dass ich weder durch gewöhnliche Befragung noch durch Analyse auf einen Inhalt gestoßen bin, dessen Bedeutsamkeit das telepathische Phänomen »gerechtfertigt« hätte. In solchen Fällen ließe sich noch eher als in den ersterwähnten an sogenannten Zufall denken. Leider erscheint mir aber die Zufallshypothese immer als ein asylum ignorantiae.

Dass höchst seltsame Zufälle passieren, wird gewiss niemand leugnen, aber dass man auf deren Wiederholung mit Wahrscheinlichkeit rechnen kann, schließt deren Zufallsnatur aus. Natürlich werde ich nie behaupten, dass das dahinterliegende Gesetz etwas »Übernatürliches« sei, sondern bloß etwas, dem unsere Schulweisheit noch nicht recht nachkommt. So haben auch die fraglichen telepathischen Inhalte einen Wirklichkeitscharakter, der jeder Wahrscheinlichkeitserwartung spottet. Obschon ich mir in keinerlei Weise eine theoretische Meinung über diese Dinge anmaßen möchte, so halte ich es doch für richtig, dass ihre Tatsächlichkeit anerkannt und betont werde. Für die Traumforschung ist dieser Gesichtspunkt eine Bereicherung.[13]

Gegenüber der bekannten Freud'schen Ansicht vom Wesen des Traumes, dass er eine »Wunscherfüllung« sei, haben ich und ebenso mein Freund und Mitarbeiter Alphonse Maeder den Standpunkt eingenommen, *der Traum sei eine spontane Selbstdarstellung der aktuellen Lage des Unbewussten in symbolischer Ausdrucksform.* Unsere Auffassung berührt sich in diesem Punkt mit den Gedankengängen Silberers.[14] Die Übereinstimmung mit Silberer ist umso erfreulicher, als sie sich als das Resultat gegenseitig unabhängiger Arbeit eingestellt hat.

Diese Auffassung steht nun mit der Freud'schen Formel zunächst nur insofern in Widerspruch, als sie darauf verzichtet, eine bestimmte Aussage über den Sinn des Traumes zu machen. Unsere Formel besagt zunächst nur, dass der Traum eine symbolische Darstellung eines unbewussten Inhaltes sei. Sie lässt es dahingestellt sein, ob diese Inhalte auch immer Wunscherfüllungen seien. Weitere Forschungen, worauf schon Maeder ausdrücklich hinweist, haben uns klar gezeigt, dass die Sexualsprache der Träume

13 Zur Frage der Telepathie verweise ich auf Rhine, *New Frontiers of the Mind* (deutsch: *Neuland der Seele*).

14 Vgl. Silberers Arbeiten zur »Symbolbildung« in: *Jahrbuch für psychoanalytische und psychopathologische Forschungen* III (1911) und IV (1912).

keineswegs immer in konkretistischer Weise zu verstehen sei[15], das heißt, dass es sich um archaische Sprache handelt, welche natürlich von allen nächsten Analogien erfüllt ist, ohne dass sich mit diesen Inhalten auch jeweils ein wirklicher Sexualgehalt zu decken braucht. Es ist daher nicht zu rechtfertigen, dass die Sexualsprache des Traumes unter allen Umständen konkret genommen wird, während andere Inhalte als symbolisch erklärt werden. Sobald man aber die Sexualformen der Traumsprache als Symbole für unbekannte Dinge auffasst, dann vertieft sich sofort die Anschauung vom Wesen des Traumes. Maeder hat dies an einem praktischen, von Freud gegebenen Beispiel treffend dargestellt.[16] Solange man die Sexualsprache des Traumes konkretistisch versteht, so gibt es nur unmittelbare, äußere und konkrete Lösungen oder entsprechendes Nichttun, das heißt opportunistische Resignation oder gewöhnliche Feigheit oder Faulheit. Aber es gibt keine Auffassung des Problems und keine Einstellung dazu. Dazu kommt man aber sofort, wenn das konkretistische Missverstehen aufgegeben wird, nämlich das Wörtlichnehmen der unbewussten Sexualsprache und die Deutung der Traumfiguren als reale Personen.

Ebenso wie man geneigt ist anzunehmen, dass die Welt so ist, wie wir sie sehen, so nimmt man auch naiverweise an, dass die Menschen so seien, wie wir sie uns vorstellen. Leider existiert in diesem letzteren Fall noch keine Physik, welche das Missverhältnis zwischen Wahrnehmung und Wirklichkeit nachweist. Obgleich die Möglichkeit grober Täuschung um ein Vielfaches größer ist als bei der Sinneswahrnehmung, so projizieren wir doch ungescheut und naiv unsere eigene Psychologie in den Mitmenschen. Jedermann schafft sich auf diese Weise eine Reihe von mehr oder weniger imaginären Beziehungen, die wesentlich auf solchen Projektionen beruhen. Unter den Neurotikern gibt es sogar häufig Fälle, wo die fantastische Projektion sozusagen die

15 Wir begegnen uns hier auch mit Adler.

16 Maeder, *Traumproblem*, S. 680 ff.

einzige menschliche Beziehungsmöglichkeit ist. Ein Mensch, den ich hauptsächlich durch meine Projektion wahrnehme, ist eine Imago, oder ein Imago- oder Symbolträger. Alle Inhalte unseres Unbewussten sind konstant projiziert in unsere Umgebung, und nur insofern wir gewisse Eigentümlichkeiten unserer Objekte als Projektionen, als Imagines durchschauen, gelingt es uns, sie von den wirklichen Eigenschaften derselben zu unterscheiden. Insofern uns aber der Projektionscharakter einer Objekteigenschaft nicht bewusst wird, können wir gar nicht anders, als naiv überzeugt sein, dass sie auch wirklich dem Objekt zugehört. Alle unsere menschlichen Beziehungen wimmeln von solchen Projektionen; und wem dies im Persönlichen etwa nicht deutlich werden sollte, den darf man auf die Psychologie der Presse in kriegführenden Ländern aufmerksam machen. Cum grano salis sieht man die eigenen nicht anerkannten Fehler immer dem Gegner an. Ausgezeichnete Beispiele findet man in allen persönlichen Polemiken. Wer nicht ein ungewöhnliches Maß an Selbstbesinnung besitzt, wird nicht über seinen Projektionen stehen, sondern meistens darunter, denn der natürliche geistige Zustand setzt das Vorhandensein dieser Projektionen voraus. Es ist das Natürliche und Gegebene, dass die unbewussten Inhalte projiziert sind. Das schafft beim relativ primitiven Menschen jene charakteristische Bezogenheit aufs Objekt, die Lévy-Bruhl treffend als »mystische Identität« oder »mystische Partizipation«[17] bezeichnet hat. So ist jeder normale und nicht über ein gewisses Maß hinaus besonnene Mensch unserer Zeit durch ein ganzes System unbewusster Projektionen an die Umgebung gebunden. Der Zwangscharakter dieser Beziehungen (eben das »Magische« oder »Mystisch-Zwingende«) ist ihm ganz unbewusst, »solange alles wohlsteht«. Wenn aber eine

[17] Lévy-Bruhl, *Les Fonctions mentales dans les sociétés inférieures*, S. 140. Bedauerlicherweise hat dieser Autor die durchaus treffende Bezeichnung »mystisch« später wieder ausgemerzt. Wahrscheinlich ist er dem Ansturm der Dummen, die sich unter »mystisch« ihren eigenen Kohl gedacht haben, erlegen.

paranoide Geistesstörung einsetzt, dann treten diese unbewussten Bezogenheiten von Projektionscharakter als ebenso viele Zwangsbindungen auf, in der Regel mit den unbewussten Materialien ausgeschmückt, die aber nota bene schon während des normalen Zustandes den Inhalt dieser Projektionen gebildet haben. Solange also das Lebensinteresse, die Libido, diese Projektionen als angenehme und nützliche Brücken zur Welt gebrauchen kann, solange bilden die Projektionen auch eine positive Erleichterung des Lebens. Sobald aber die Libido einen anderen Weg einschlagen will, und daher auf den früheren Projektionsbrücken anfängt rückläufig zu werden, dann wirken die Projektionen als die denkbar größten Hemmnisse, denn sie verhindern wirksam jede wahrhaftige Befreiung vom früheren Objekt. Es tritt dann das charakteristische Phänomen ein, dass man sich bemüht, das frühere Objekt möglichst zu entwerten und herunterzumachen, um nämlich die Libido davon loslösen zu können. Da aber die frühere Identität auf der Projektion subjektiver Inhalte beruht, so kann eine völlige und restlose Loslösung nur dann erfolgen, wenn die Imago, die sich im Objekt darstellte, samt ihrer Bedeutung dem Subjekt zurückerstattet wird. Diese Rückerstattung geschieht durch die bewusste Erkenntnis des projizierten Inhaltes, das heißt durch die Anerkennung des »Symbolwertes« des früheren Objektes.

Die Häufigkeit solcher Projektionen ist ebenso sicher wie die Tatsache, dass deren Charakter nie eingesehen wird. Bei dieser Sachlage ist es nun keineswegs erstaunlich, dass der naive Verstand von vornherein als selbstverständlich annimmt, dass wenn er von Herrn X träume, dieses Traumbild, genannt »Herr X«, identisch sei mit dem wirklichen Herrn X. Diese Voraussetzung entspricht ganz dem allgemeinen, unkritischen Bewusstsein, das zwischen dem Objekt an sich und der Vorstellung, die man sich davon macht, keinen Unterschied sieht. Kritisch besehen – das kann niemand bestreiten – hat das Traumbild nur eine äußere und sehr beschränkte Beziehung zum Objekt. In Wirklichkeit aber ist es ein Komplex psychischer Faktoren, der sich – allerdings unter gewissen äußeren Anregungen – selbst gebildet hat und deshalb hauptsächlich im Subjekt aus subjektiven Faktoren besteht, die für das Subjekt charakteristisch sind und mit dem realen Objekt öfters sehr wenig zu tun haben. Wir verstehen den anderen immer in der Art, wie wir uns verstehen oder zu verstehen suchen. Was wir in uns nicht verstehen, verstehen wir auch im anderen nicht. So ist reichlich dafür gesorgt, dass das Bild des anderen in der Regel größtenteils subjektiv ist. Bekanntlich kann auch eine intime Bekanntschaft eine objektive Erkenntnis des anderen keineswegs garantieren.

Wenn man nun, wie dies die Freud'sche Schule getan, einmal damit anfängt, gewisse manifeste Inhalte des Traumes als »uneigentlich« oder »symbolisch« zu nehmen und zu erklären, der Traum spreche zwar von »Kirchturm«, meine aber »Phallus«, so ist es nur ein nächster Schritt, wenn wir sagen, dass der Traum öfters von »Sexualität« rede, aber keineswegs immer Sexualität meine, und ebenso, dass der Traum öfters vom Vater rede, aber eigentlich den – Träumer selbst meine. Unsere imagines sind Bestandteile unseres Geistes, und wenn unser Traum irgendwelche Vorstellungen reproduziert, so sind dies in erster Linie *unsere* Vorstellungen, in deren Bildung die Gesamtheit unseres Wesens verwoben ist; es sind subjektive Faktoren, die im Traum nicht aus äußeren Gründen, sondern aus den intimsten Regungen unserer Seele heraus sich so oder so gruppieren und damit den oder jenen Sinn ausdrücken. Die ganze Traumschöpfung ist im Wesentlichen subjektiv, und der Traum ist jenes Theater, wo der Träumer Szene, Spieler, Souffleur, Regisseur, Autor, Publikum und Kritiker ist. Diese einfache Wahrheit ist die Grundlage jener Auffassung des Traumsinnes, die ich als Deutung auf der *Subjektstufe* bezeichnet habe. Diese Deutung fasst, wie der Terminus sagt, alle Figuren des Traumes als personifizierte Züge der Persönlichkeit des Träumers auf.[18]

---

[18] Für die Deutung auf der Subjektstufe hat bereits Maeder, *Traumproblem*, einige Beispiele beigebracht. Diese beiden Deutungsverfahren sind

Es hat sich mehrfach ein gewisser Widerstand bemerkbar gemacht gegen diese Auffassung. Die Argumente der einen stützen sich auf die eben besprochene naive Voraussetzung der normalen Alltagsmentalität. Die Argumente der anderen basieren mehr auf dem prinzipiellen Problem, was wichtiger sei, die »Objektstufe« oder die »Subjektstufe«. Gegen die theoretische Wahrscheinlichkeit der Subjektstufe kann ich mir wirklich keinen gültigen Einwand denken. Das zweite Problem dagegen ist bedeutend schwieriger. Ebenso sehr wie das Bild eines Objektes einerseits subjektiv zusammengesetzt ist, ist es andererseits objektiv bedingt. Wenn ich es in mir reproduziere, so erzeuge ich damit etwas sowohl subjektiv als objektiv Bedingtes. Um nun zu entscheiden, welche Seite gegebenenfalls überwiegt, muss zuerst nachgewiesen werden, ob das Bild um seiner subjektiven oder objektiven Bedeutung willen reproduziert wird. Wenn ich also von einem Menschen träume, mit dem mich ein vitales Interesse verbindet, dann wird gewiss die Deutung auf der Objektstufe näherliegen als die andere. Wenn ich dagegen von einem mir in Wirklichkeit fernstehenden und indifferenten Menschen träume, dann liegt die Deutung auf der Subjektstufe näher. Es ist aber möglich – und dieser Fall tritt praktisch sogar sehr häufig ein –, dass dem Träumer zu dem indifferenten Menschen sofort jemand einfällt, mit dem er durch einen Affekt verbunden ist. Früher hätte man gesagt, die indifferente Gestalt sei im Traum absichtlich vorgeschoben worden, um die Peinlichkeit der anderen Figur zu verdecken. Ich würde nun in diesem Fall empfehlen, dem Wege der Natur nachzugehen und zu sagen: Im Traum ist offenbar jene affektvolle Reminiszenz durch den gleichgültigen Herrn X ersetzt worden, wodurch mir die Deutung auf der Subjektstufe nahegelegt wurde. Diese Ersetzung bedeutet eine Leistung des Traumes, die allerdings einer Verdrängung der peinlichen Reminiszenz gleich-

---

des Näheren besprochen in meiner Schrift *Über die Psychologie des Unbewussten*, §§ 128 ff.

kommt. Aber wenn sich diese Reminiszenz so glatt zur Seite schieben lässt, so kann sie auch nicht so wichtig sein. Ihre Ersetzung zeigt, dass sich dieser persönliche Affekt depersonalisieren lässt. Ich könnte mich also darüber erheben und werde darum nicht wieder in die persönliche Affektlage dadurch zurückkehren, dass ich die im Traum geglückte Depersonalisierung als bloße Verdrängung entwerte. Ich glaube richtiger zu handeln, wenn ich die geglückte Ersetzung der peinlichen Person durch eine indifferente als eine Depersonalisierung des vorher persönlichen Affektes einschätze. Dadurch ist nun dieser Affektwert, das heißt der entsprechende Libidobetrag, unpersönlich geworden, mit anderen Worten befreit aus der persönlichen Bindung an das Objekt, und ich kann deshalb den früheren realen Konflikt nunmehr auf die Subjektstufe erheben und zu verstehen versuchen, inwiefern er ein ausschließlich subjektiver Konflikt ist. Ich möchte dies, der Deutlichkeit halber, an einem kurzen Beispiel erörtern:

Ich hatte einmal einen persönlichen Konflikt mit einem Herrn A., wobei ich allmählich zu der Überzeugung kam, dass das Unrecht in höherem Maß auf seiner Seite lag als auf meiner. In dieser Zeit hatte ich folgenden Traum: »*Ich habe einen Advokaten konsultiert in einer gewissen Angelegenheit; er fordert für die Konsultation zu meinem grenzenlosen Erstaunen nicht weniger als Fr. 5000.–, wogegen ich mich energisch zur Wehr setze.*«

Der Advokat ist eine belanglose Reminiszenzfigur aus meiner Studienzeit. Aber die Studienzeit ist wichtig, weil ich dort viele Disputationen und Auseinandersetzungen hatte. Zu der brüsken Art des Advokaten fallen mir aber mit Affekt die Persönlichkeit des Herrn A. ein sowie der noch andauernde Konflikt. Ich kann nun auf der Objektstufe weitergehen und sagen: Herr A. steckt hinter dem Advokaten, also überfordert mich Herr A. Er ist im Unrecht. Ein armer Student hat mich dieser Tage um ein Darlehen von Fr. 5000.– ersucht. Herr A. ist also ein armer Student, hilfsbedürftig und inkompetent, weil ganz am Anfang des Studiums. So jemand hat überhaupt keine Ansprüche zu machen oder Meinungen zu haben. Das wäre die Wunscherfüllung: Mein Gegner wäre sanft entwertet, zur Seite geschoben, und mir wäre die Ruhe gewahrt geblieben. In Wirklichkeit aber erwachte ich an dieser Stelle des Traumes in lebhaftestem Affekt über die Anmaßung des Advokaten. Ich war also durch die »Wunscherfüllung« keineswegs beruhigt.

Gewiss steckt hinter dem Advokaten die unangenehme A.-Affäre. Aber es ist bemerkenswert, dass der Traum jenen indifferenten Juristen aus meiner Studienzeit herbeigeholt hat. Zum Advokaten fällt mir ein: Rechtsstreit, Rechthaben, Rechthaberei – und damit jene Erinnerung aus der Studienzeit, wo ich oft mit und ohne Recht eigensinnig, hartnäckig und rechthaberisch meine These verfocht, um wenigstens den Anschein der Überlegenheit mir zu erfechten. Dieser Punkt – und das fühle ich – hat in der Auseinandersetzung mit Herrn A. mitgewirkt. Damit weiß ich, dass ich es selbst bin, nämlich ein der Gegenwart unangepasstes Stück in mir, das rechthaberisch wie damals mich überfordert, das heißt zu viel Libido von mir erpressen will. Ich weiß damit, dass die strittige Angelegenheit mit A. darum nicht sterben kann, weil der Rechthaber in mir noch durchaus für einen »gerechten« Abschluss sorgen möchte.

Diese Auffassung hat zu einem mir sinnvoll erscheinenden Resultat geführt, während die Deutung auf der Objektstufe ergebnislos war, denn es liegt mir nicht im Geringsten am Beweis, dass die Träume Wunscherfüllungen seien. Wenn ein Traum mir zeigt, was für einen Fehler ich mache, so verschafft er mir damit die Möglichkeit, meine Einstellung zu verbessern, was immer von Vorteil ist. Zu einem solchen Resultat gelangt man natürlich nur durch die Anwendung der Subjektstufe.

So einleuchtend die Deutung auf der Subjektstufe in einem solchen Fall sein mag, so wertlos kann sie in einem anderen sein, wo eine lebenswichtige Beziehung den Inhalt und Grund eines Konfliktes bildet. In diesem Fall ist natürlich die Traumfigur aufs reale Objekt zu beziehen. Das Kriterium lässt sich jeweils aus dem bewussten Material eruieren, ausgenommen jene Fälle, wo die Übertragung infrage kommt. Die Übertragung bewirkt sehr leicht Urteilstäuschungen, sodass der Arzt gelegentlich als der absolut unerlässliche deus ex machina oder als ein ebenso unerlässliches Requisit der Wirklichkeit erscheint. Er *ist* es sogar für das Urteil des Patienten. Die Selbstbesinnung des Arztes muss in solchen Fällen entscheiden, in welchem Grad er selbst Realproblem des Patienten ist. Sobald die Objektstufe der Deutung anfängt, monoton und ergebnislos zu werden, weiß man, dass es Zeit ist, die Figur des Arztes als ein Symbol für projizierte Inhalte aufzufassen, die dem Patienten zugehören. Wenn man das nicht tut, so bleibt dem Analytiker nichts übrig, als durch Reduktion auf Infantilwünsche die Übertragung zu entwerten und damit zu zerstören, oder die Übertragung real zu nehmen und sich für die Patienten (sogar gegen deren unbewussten Widerstand) aufzuopfern, wobei alle Teilnehmer benachteiligt werden und der Arzt regelmäßig am schlechtesten wegkommt. Wenn es dagegen gelingt, die Figur des Arztes auf die Subjektstufe zu erheben, dann können alle übertragenen (projizierten) Inhalte dem Patienten wieder mit ihrem ursprünglichen Wert zugestellt werden. Ein Beispiel für die Rücknahme der Projektionen in der Übertragung findet sich in meiner Schrift »*Die Beziehungen zwischen dem Ich und dem Unbewussten*«[19].

Es ist mir selbstverständlich, dass jemand, der nicht selbst praktizierender Analytiker ist, keinen besonderen Geschmack an Erörterungen über »Subjektstufe« und »Objektstufe« finden kann. Je tiefer wir uns aber mit den Traumproblemen beschäftigen, desto mehr kommen auch die technischen Gesichtspunkte der praktischen Behandlung in Betracht. Es hat in dieser Sache jener unerbittlichen Nötigung bedurft, die ein schwieriger Fall immer auf den Arzt ausübt, denn man muss stets darauf bedacht sein, seine Mittel so zu vervollkommnen, dass man auch in schwe-

---

19 Bezüglich der Projektionen in der Übertragung siehe Jung, *Die Psychologie der Übertragung.*

ren Fällen helfen kann. Wir verdanken es den Schwierigkeiten der täglichen Krankenbehandlung, dass wir zu Auffassungen gedrängt werden, die teilweise an den Fundamenten unserer Alltagsmentalität rütteln. Obschon die Subjektivität einer Imago zu den sogenannten Binsenwahrheiten gehört, so klingt die Feststellung doch etwas philosophisch, was gewissen Ohren unangenehm ist. Warum dies so ist, geht ohne Weiteres hervor aus der oben erörterten Tatsache, dass die naive Voraussetzung die Imago ohne Weiteres mit dem Objekt identifiziert. Jede Störung einer solchen Voraussetzung wirkt auf diese Menschenklasse irritierend. Aus dem gleichen Grund wirkt der Gedanke der Subjektstufe unsympathisch, denn er stört die naive Voraussetzung der Identität der Bewusstseinsinhalte mit den Objekten. Unsere Mentalität ist dadurch charakterisiert – wie die Ereignisse in der Kriegszeit[20] deutlich demonstriert haben –, dass wir mit einer schamlosen Naivität über den Gegner urteilen und im Urteil, das wir über ihn aussprechen, unsere eigenen Defekte verraten; ja, man wirft dem Gegner einfach die eigenen, nicht eingestandenen Fehler vor. Man sieht alles am anderen, man kritisiert und verurteilt am anderen, man will auch am anderen bessern und erziehen. Ich habe gar nicht nötig, zum Beweis dieser Sätze eine Kasuistik zusammenzubringen: Die schönsten Beweise finden sich in jeder Zeitung. Es ist aber selbstverständlich, dass das, was im Großen sich ereignet, auch im Kleinen und Einzelnen geschieht. Unsere Mentalität ist noch so primitiv, dass sie erst in gewissen Funktionen und Gebieten sich aus der primären mystischen Identität mit dem Objekt befreit hat. Der Primitive hat, bei einem Minimum von Selbstbesinnung, ein Maximum von Bezogenheit aufs Objekt, das sogar einen direkt magischen Zwang auf ihn ausüben kann. Die ganze primitive Magie und Religion beruht auf diesen magischen Objektbeziehungen, welche in nichts anderem bestehen als in Projektionen unbewusster Inhalte ins Objekt. Aus diesem anfäng-

[20] Erster Weltkrieg.

lichen Identitätszustand hat sich allmählich die Selbstbesinnung entwickelt, welche Hand in Hand geht mit der Unterscheidung von Subjekt und Objekt. Diese Unterscheidung hatte die Einsicht im Gefolge, dass gewisse, früher naiv dem Objekt zugerechnete Eigenschaften in Wirklichkeit subjektive Inhalte sind. Die Menschen der Antike glaubten zwar nicht mehr, dass sie rote Papageien oder Krokodilbrüder seien, wohl aber waren sie noch in das magische Gespinst verwoben. In dieser Beziehung hat sogar erst die Aufklärung des 18. Jahrhunderts einen wesentlichen Schritt vorwärts getan. Aber wie jedermann weiß, sind wir noch weit entfernt von einer unserem wirklichen Wissen entsprechenden Selbstbesinnung. Wenn wir uns über irgendetwas bis zur Besinnungslosigkeit ärgern, so lassen wir es uns nicht nehmen, dass die Ursache unseres Ärgers ganz und gar draußen in jenem ärgerlichen Ding oder Menschen liege. Also trauen wir jenen Dingen die Macht zu, uns in den Zustand des Ärgers, eventuell sogar in den der Schlaf- oder Verdauungsstörung versetzen zu können. Wir verurteilen darum ungescheut und schrankenlos den Gegenstand des Anstoßes und beschimpfen damit ein unbewusstes Stück in uns selbst, das in das ärgerliche Objekt projiziert ist.

Solcher Projektionen sind Legion. Sie sind zum Teil günstig, das heißt sie wirken erleichternd als Brücken der Libido; zum Teil sind sie ungünstig, kommen aber praktisch als Hindernis nicht in Betracht, weil die ungünstigen Projektionen meist außerhalb des Kreises intimer Beziehungen sich ansiedeln. Davon macht allerdings der Neurotische eine Ausnahme: Er hat bewusst oder unbewusst eine so intensive Beziehung zur nächsten Umgebung, dass er es nicht hindern kann, auch die ungünstigen Projektionen bei den nächsten Objekten einfließen und dadurch Konflikte erregen zu lassen. Er ist daher gezwungen – wenn er Heilung sucht –, seine primitiven Projektionen in weit höherem Maß einzusehen, als dies der Normale je tut. Letzterer macht zwar die gleichen Projektionen, aber besser getrennt; für die günstigen ist das Objekt in der Nähe und für die ungünstigen in größerer Entfernung. Bekanntlich ist das beim Primitiven auch so: fremd ist feindlich und böse. Bei uns waren noch im späten Mittelalter »Fremde« und »Elend« identisch. Diese Verteilung ist zweckmäßig, weshalb der Normale auch keine Nötigung verspürt, sich diese Projektionen bewusst zu machen, obschon der Zustand gefährlich illusionär ist. Die Psychologie des Krieges hat diesen Umstand deutlich hervorgehoben: Alles, was die eigene Nation tut, ist gut, alles, was die anderen tun, ist schlecht. Das Zentrum aller Gemeinheit befindet sich stets in einer Distanz von einigen Kilometern hinter den feindlichen Linien. Diese selbe primitive Psychologie hat auch der Einzelne, weshalb jeder Versuch, der diese – durch Ewigkeiten unbewussten – Projektionen bewusst machen könnte, als irritierend empfunden wird. Man möchte gewiss bessere Beziehungen zu den Mitmenschen, aber natürlich unter der Bedingung, dass diese unseren Erwartungen entsprechen, das heißt, dass sie willige Träger unserer Projektionen sind. Wenn man sich diese Projektionen aber bewusst macht, so tritt dadurch leicht eine Erschwerung der Beziehung zum anderen Menschen ein, denn die Illusionsbrücke fehlt, über die Liebe und Hass befreiend abströmen können, über die auch alle jene angeblichen Tugenden, welche andere »heben« und »bessern« wollen, so leicht und befriedigend an den Mann zu bringen sind. Als Folge dieser Erschwerung ergibt sich eine Aufstauung der Libido, wodurch die ungünstigen Projektionen bewusst werden. Es tritt dann die Aufgabe an das Subjekt heran, alle jene Gemeinheit beziehungsweise Teufelei, die man ungescheut dem anderen zugetraut und worüber man sich ein Leben lang entrüstet hat, auf eigene Rechnung zu übernehmen. Das Irritierende an dieser Prozedur ist die Überzeugung einerseits, dass, wenn alle Menschen so handelten, das Leben wesentlich erträglicher würde, andererseits die Empfindung heftigsten Widerstandes dagegen, dieses Prinzip bei sich selbst anzuwenden – und zwar im Ernst. Wenn es der andere täte – man könnte sich nichts Besseres wünschen; wenn man es aber selbst tun sollte, so findet man es unerträglich.

Der Neurotische ist durch seine Neurose allerdings *gezwungen*, diesen Fortschritt zu machen, der Normale aber nicht, dafür erlebt Letzterer seine psychische Störung sozial und politisch in der Form von massenpsychologischen Erscheinungen, zum Beispiel von Kriegen und Revolutionen. Die reale Existenz eines Feindes, dem man alle Bosheit aufladen kann, bedeutet eine unverkennbare Erleichterung des Gewissens. Man kann es wenigstens ungescheut sagen, wer der Teufel ist, das heißt, man ist sich darüber klar, dass die Ursache des Missgeschicks sich außen befindet und nicht etwa in der eigenen Einstellung. Sobald man sich über die etwas unangenehmen Konsequenzen der Auffassung auf der Subjektstufe Rechenschaft gegeben hat, drängt sich einem der Einwand auf, dass doch unmöglich jede schlechte Eigenschaft, über die man sich bei anderen Menschen aufregt, zu uns selbst gehöre. Auf diese Weise stünde ja der große Moralist, der fanatische Erzieher und Weltverbesserer am allerschlimmsten da. Von der Nachbarschaft des Guten und des Übels wäre nicht wenig zu sagen, überhaupt von der unmittelbaren Beziehung der Gegensatzpaare, doch das würde uns zu weit vom Thema entfernen.

Die Auffassung auf der Subjektstufe soll selbstverständlich nicht übertrieben werden. Es handelt sich bloß um eine etwas kritischere Abwägung der Zugehörigkeiten. Was mir am Objekt auffällt, wird wohl wirkliche Eigenschaft des Objektes sein. Je subjektiver und affektiver dieser Eindruck aber ist, desto eher ist die Eigenschaft als eine Projektion aufzufassen. Dabei müssen wir aber eine nicht unwesentliche Unterscheidung vornehmen: nämlich zwischen der wirklich am Objekt vorhandenen Eigenschaft, ohne welche eine Projektion aufs Objekt nicht wahrscheinlich wäre, und dem Wert oder der Bedeutung beziehungsweise der Energie dieser Eigenschaft. Es ist nicht ausgeschlossen, dass eine Eigenschaft auf das Objekt projiziert wird, von der beim Objekt in Wirklichkeit kaum Spuren vorhanden sind (zum Beispiel die Projektion magischer Qualitäten in unbelebte Objekte). Anders liegt es bei den gewöhnlichen Projektionen von Charaktereigenschaften oder momentanen Einstellungen. In diesen Fällen ist es häufig so, dass das Objekt der Projektion auch eine Gelegenheit bietet, ja sie sogar herausfordert. Dieses Letztere ist dann der Fall, wenn dem Objekt die Eigenschaft selbst unbewusst ist; dadurch wirkt sie auf das Unbewusste des anderen. Denn alle Projektionen bewirken Gegenprojektionen da, wo dem Objekt die vom Subjekt projizierte Eigenschaft unbewusst ist, so wie eine »Übertragung« vom Analytiker mit einer »Gegenübertragung« beantwortet wird, wenn die Übertragung einen Inhalt projiziert, der dem Arzt selbst unbewusst, aber trotzdem bei ihm vorhanden ist.[21] Die Gegenübertragung ist dann insofern ebenso zweckmäßig und sinnvoll oder hinderlich wie die Übertragung des Patienten, als sie jenen besseren Rapport herzustellen strebt, der für die Realisierung gewisser unbewusster Inhalte unerlässlich ist. Die Gegenübertragung ist wie die Übertragung etwas Zwanghaftes, eine Unfreiheit, weil sie eine »mystische«, das heißt unbewusste Identität mit dem Objekt bedeutet. Gegen solche unbewusste Bindungen bestehen stets Widerstände, bewusste, wenn das Subjekt so eingestellt ist, dass es seine Libido nur freiwillig geben, sie aber sich nicht ablocken oder abzwingen lassen will; unbewusste, wenn das Subjekt es vor allem liebt, sich die Libido wegnehmen zu lassen. Deshalb schaffen Übertragung und Gegenübertragung, sofern ihre Inhalte unbewusst bleiben, abnorme und unhaltbare Beziehungen, die auf ihre eigene Zerstörung hinzielen.

Auch wenn beim Objekt eine Spur der projizierten Eigenschaft aufgefunden werden kann, so ist die praktische Bedeutung der Projektion doch rein subjektiv und fällt zulasten des Subjektes, indem dessen Projektion einer Eigenschaftsspur beim Objekt einen übertriebenen Wert verliehen hat.

Wenn die Projektion einer beim Objekt wirklich vorhandenen Eigenschaft entspricht, so besteht der projizierte Inhalt doch auch

[21] Über die typischen Projektionsinhalte vgl. Jung, *Die Psychologie der Übertragung*.

beim Subjekt, wo er einen Teil der Objektimago bildet. Die Objektimago selbst ist eine von der Wahrnehmung des Objektes verschiedene psychologische Größe; sie ist ein neben aller Wahrnehmung und doch aufgrund aller Wahrnehmungen existierendes Bild[22], dessen selbstständige Lebendigkeit (relative Autonomie) so lange unbewusst ist, als sie ganz mit der wirklichen Lebendigkeit des Objektes zusammenfällt. Die Selbstständigkeit der Imago wird daher vom Bewusstsein nicht anerkannt, sondern unbewusst ins Objekt projiziert, das heißt mit der Selbstständigkeit des Objektes kontaminiert. Dadurch kommt natürlich dem Objekt ein in Bezug auf das Subjekt geradezu zwingender Wirklichkeitscharakter zu, also eine übertriebene Wertigkeit. Dieser Wert beruht auf der Projektion beziehungsweise der apriorischen Identität der Imago mit dem Objekt, wodurch das äußere Objekt zugleich auch ein inneres wird. Auf diese Weise kann das äußere Objekt auf unbewusstem Weg direkt eine unmittelbare seelische Wirkung auf das Subjekt ausüben, indem es durch seine Identität mit der Imago gewissermaßen unmittelbar eine Hand im seelischen Getriebe des Subjektes hat. Damit kann das Objekt »magische« Gewalt über das Subjekt bekommen. Treffliche Beispiele hierfür liefern die Primitiven, welche zum Beispiel ihre Kinder oder sonstige »beseelte« Objekte so behandeln, wie sie ihre eigene Psyche behandeln. Sie wagen nichts gegen sie zu tun aus Angst, die Kinder- oder Objektseele zu beleidigen. Daher bleiben die Kinder möglichst unerzogen bis zum Pubertätsalter, wo dann plötzlich eine oft grausame Nacherziehung einsetzt (Initiation).

Ich habe oben gesagt, dass die Selbstständigkeit der Imago unbewusst bleibe, weil sie mit der des Objektes identifiziert werde. Dementsprechend müsste der Tod des Objektes sonderbare psychologische Wirkungen auslösen, indem das Objekt dann doch

---

[22] Aus Gründen der Vollständigkeit muss erwähnt werden, dass keine Imago nur von außen stammt. Zu ihrer spezifischen Gestalt trägt auch die a priori vorhandene psychische Disposition, nämlich der *Archetypus*, bei.

nicht ganz verschwindet, sondern in ungreifbarer Form weiterexistiert. Dies ist bekanntlich der Fall. Die unbewusste Imago, der kein Objekt mehr entspricht, wird zum Totengeist und übt nun Wirkungen auf das Subjekt aus, die man zunächst nicht anders denn als psychologische Phänomene auffassen kann. Die unbewussten Projektionen des Subjektes, welche unbewusste Inhalte in die Objektimago überführt und diese mit dem Objekt identifiziert haben, überdauern den realen Verlust des Objektes und spielen eine bedeutende Rolle im Leben der Primitiven sowohl wie auch bei allen Kulturvölkern ältester wie neuester Zeit. Diese Phänomene beweisen schlagend die relativ autonome Existenz der Objektimagines im Unbewussten. Sie sind offenbar darum im Unbewussten, weil sie bewusst nie als vom Objekt unterschieden betrachtet wurden.

Jeder Fortschritt, jede Auffassungsleistung der Menschheit war mit einem Fortschritt der Selbstbesinnung verknüpft: Man hat sich vom Objekt unterschieden und trat der Natur als von ihr verschieden gegenüber. Daher wird auch eine Neuorientierung der psychologischen Einstellung denselben Weg gehen müssen: Es ist einleuchtend, dass die Identität des Objektes mit der subjektiven Imago dem Objekt eine Bedeutung verleiht, die ihm nicht eigentlich zukommt, die es aber seit Ewigkeiten besessen hat. Denn die Identität ist eine absolut ursprüngliche Tatsache. Diese Sachlage bedeutet aber für das Subjekt einen primitiven Zustand, der nur so lange bestehen bleiben kann, als er nicht zu schweren Inkonvenienzen führt. Die Überwertigkeit des Objektes ist aber nun gerade ein Punkt, der sehr geeignet ist, die Entwicklung des Subjektes zu beeinträchtigen. Ein zu stark betontes »magisches« Objekt orientiert das subjektive Bewusstsein in hohem Maß im Sinne des Objektes und durchkreuzt jeden Versuch einer individuellen Differenzierung, der selbstverständlich mit einer Ablösung der Imago vom Objekt einsetzen müsste. Die Richtung der individuellen Differenzierung lässt sich nämlich unmöglich beibehalten, wenn äußere Faktoren in den subjektiven seelischen

Betrieb »magisch« eingreifen. Die Ablösung der Imagines aber, welche den Objekten jene allzu große Bedeutung verleihen, bringt dem Subjekt jene abgespaltene Energie zurück, deren es zu seiner Entwicklung dringend bedarf.

Die Traumimagines auf der Subjektstufe auffassen bedeutet daher für den Gegenwartsmenschen dasselbe, wie wenn man dem Primitiven die Ahnenfiguren und Fetische wegnimmt und ihm beizubringen versucht, dass die »Medizinkraft« etwas Geistiges sei, das nicht im Objekt, sondern in der menschlichen Psyche stecke. Der Primitive empfindet einen legitimen Widerstand gegen diese ketzerische Auffassung, und so empfindet es auch der Mensch der Gegenwart als unangenehm, vielleicht sogar als irgendwie gefährlich, die durch unermessliches Alter geheiligte Identität von Imago und Objekt aufzulösen. Die Folgen sind auch für unsere Psychologie kaum fassbar: Man hätte niemanden mehr, den man anklagen, niemanden, den man verantwortlich machen, den man belehren, bessern und strafen könnte! Man hätte vielmehr in allen Dingen bei sich selbst anzufangen, man hätte die Ansprüche, die man an andere stellt, einzig und allein an sich selbst zu stellen. Es ist bei dieser Sachlage begreiflich, warum die Auffassung der Traumimagines auf der Subjektstufe kein gleichgültiger Schritt ist, namentlich darum nicht, weil er zu Einseitigkeiten und Übertriebenheiten in beiden Richtungen Anlass gibt.

Abgesehen von dieser mehr moralischen Schwierigkeit bestehen aber auch einige Hemmnisse auf intellektuellem Gebiet. Man hat mir schon den Einwand gemacht, die Deutung auf der Subjektstufe sei ein philosophisches Problem, und die Durchführung dieses Prinzips stoße an die Schranken der Weltanschauung und höre deshalb auf, Wissenschaft zu sein. Es scheint mir nicht erstaunlich, dass die Psychologie an die Philosophie rührt, denn das der Philosophie zugrunde liegende Denken ist eine psychische Tätigkeit, die als solche Gegenstand der Psychologie ist. Ich denke bei der Psychologie immer an den ganzen Umfang der Seele, und da ist Philosophie und Theologie und so vieles andere mit dabei. Denn gegenüber allen Philosophien und allen Religionen stehen die Tatsachen der menschlichen Seele, welche vielleicht in letzter Instanz über Wahrheit und Irrtum entscheiden.

Es kommt unserer Psychologie zunächst wenig darauf an, ob unsere Probleme da oder dort anstoßen. Wir haben es in erster Linie mit praktischen Notwendigkeiten zu tun. Wenn die Weltanschauungsfrage ein psychologisches Problem ist, dann müssen wir sie behandeln, ob nun die Philosophie zur Psychologie gehört oder nicht. Ebenso sind Religionsfragen für uns zunächst psychologische Fragen. Dass die medizinische Psychologie unserer Zeit diesen Gebieten im Allgemeinen fernsteht, ist ein bedauernswerter Mangel, der sich deutlich fühlbar macht in der Tatsache, dass die psychogenen Neurosen irgendwo anders oft bessere Heilungsmöglichkeiten finden als in der Schulmedizin. Obschon ich selbst Arzt bin und nach dem Prinzip »medicus medicum non decimat« allen Grund hätte, mich einer Kritik des Arztes zu enthalten, so muss ich dennoch bekennen, dass die Ärzte keineswegs immer diejenigen sind, in deren Händen die psychologische Medizin am besten aufgehoben ist. Ich habe oft die Erfahrung gemacht, dass ärztliche Psychotherapeuten ihre Kunst in jener routinemäßigen Weise, die ihnen durch die Eigenart ihres Studiums nahegelegt wird, auszuüben versuchen. Das medizinische Studium besteht einerseits in der Aufstapelung eines unheimlich großen Gedächtnismaterials, welches ohne wirkliche Kenntnis der Grundlagen einfach memoriert wird, andererseits in der Erfahrung in praktischen Fertigkeiten, welche nach dem Prinzip: »Da wird nicht lange gedacht, sondern in die Hand genommen« erworben werden muss. So kommt es, dass von allen Fakultäten der Mediziner am wenigsten Gelegenheit hat, die Funktion des Denkens zu entwickeln. Daher ist es auch nicht weiter erstaunlich, dass sogar psychologisch orientierte Ärzte meinen Überlegungen gar nicht oder nur mit größter Mühe folgen können. Sie haben es sich angewöhnt, nach Rezepten zu verfahren und mechanisch Methoden anzuwenden, welche sie nicht selbst ausgedacht haben. Diese Tendenz ist aber für die Ausübung der ärztlichen Psychologie denkbar ungeeignet, denn sie klammert sich an die Geländer autoritärer Theorien und Methoden und verhindert die Entwicklung eines selbstständigen Denkens. So habe ich es erlebt, dass sogar elementare und für die praktische Behandlung ungemein wichtige Unterscheidungen wie Subjekt- und Objektstufe der Deutung, Ich und Selbst, Zeichen und Symbol, Kausalität und Finalität usw. sich als zu hohe Anforderungen an die Denkfähigkeit herausstellten. Aus dieser Schwierigkeit ist das zähe Festhalten an rückständigen und längst revisionsbedürftigen Auffassungen zu erklären. Dass dies nicht nur meine subjektive Auffassung ist, beweist die fanatische Einseitigkeit und sektiererhafte Abgeschlossenheit gewisser »psychoanalytischer« Organisationen. Diese Einstellung ist, wie allbekannt, ein Symptom und bedeutet *überkompensierten Zweifel.* Aber eben – wer wendet schon psychologische Kriterien auf sich selbst an?

Die Auffassung der Träume als infantile Wunscherfüllungen oder als final orientierte Arrangements im Dienst der infantilen Machtabsicht ist viel zu eng und wird dem Wesen des Traumes nicht gerecht. Der Traum ist wie jedes Stück des psychischen Zusammenhanges eine Resultante des Ganzen der Psyche; weshalb wir im Traum auch alles zu finden erwarten dürfen, was im Leben der Menschheit seit uralters Bedeutung hatte. So wenig sich das menschliche Leben an sich auf diesen oder jenen Grundtrieb beschränkt, sondern sich auf eine Vielheit von Trieben, Bedürfnissen, Notwendigkeiten, physischen und psychischen Bedingtheiten aufbaut, ebenso wenig ist der Traum aus diesem oder jenem Element zu erklären, so bestechend einfach eine derartige Erklärung auch ausfallen mag. Wir können sicher sein, dass sie unrichtig ist, denn keine einfache Triebtheorie wird jemals imstande sein, die menschliche Seele, dieses gewaltige und geheimnisvolle Ding, zu erfassen und daher auch nicht ihren Ausdruck, den Traum. Um dem Traum auch nur einigermaßen gerecht zu werden, bedürfen wir eines Rüstzeuges, das wir uns aus allen Gebieten der Geisteswissenschaften mühsam zusammenstellen müssen. Aber mit ein paar schlechten Witzen oder mit dem Nachweis gewisser Verdrängungen ist das Traumproblem nicht gelöst.

Man hat meiner Richtung das »Philosophische« (gar »Theologische«) direkt zum Vorwurf gemacht, in der Meinung, dass ich »philosophisch« erklären wolle und dass meine psychologischen Auffassungen »metaphysisch« seien.[23] Ich gebrauche aber gewisse philosophische, religionswissenschaftliche und historische Materialien ausschließlich zur Darstellung seelischer Zusammenhänge. Wenn ich hierbei einen Gottesbegriff gebrauche oder einen ebenso metaphysischen Energiebegriff, so muss ich das tun, weil das Bilder sind, die sich in der menschlichen Seele seit Anbeginn befinden. Ich muss immer wieder betonen, dass weder das Moralgesetz noch der Gottesbegriff noch irgendeine Religion von außen, so gewissermaßen vom Himmel herunter, den Menschen angefallen hat, sondern das hat der Mensch alles in nuce in sich, darum erschafft er es auch aus sich heraus. Es ist darum eine müßige Idee, dass es bloß der Aufklärung bedürfe, um diese Gespenster zu vertreiben. Die Ideen des moralischen Gesetzes und der Gottheit gehören zum unausrottbaren Bestand der menschlichen Seele. Darum hat sich jede ehrliche Psychologie, die nicht von einem banausenhaften Aufklärungsdünkel verblendet ist, mit diesen Tatsachen auseinanderzusetzen. Sie sind nicht wegzuerklären und wegzuironisieren. In der Physik können wir eines Gottesbildes entraten, in der Psychologie aber ist es eine definitive Größe, mit der zu rechnen ist, so gut wie mit »Affekt«, »Trieb«, »Mutter« usw. Es liegt natürlich an der ewigen Vermischung von Objekt und Imago, dass man sich keinen Unterschied denken kann zwischen »Gott« und »Gottesimago« und daher meint, man spreche von Gott, erkläre »theologisch«, wenn man von »Gottesbild«

23 Damit ist die Lehre vom »Archetypus« gemeint. Ist der biologische Begriff des »pattern of behaviour« auch »metaphysisch«?

spricht. Es steht der Psychologie als Wissenschaft nicht zu, eine Hypostasierung der Gottesimago zu fordern. Sie hat aber den Tatsachen entsprechend mit dem Vorhandensein eines Gottesbildes zu rechnen. Ebenso rechnet sie mit dem Trieb und misst sich keine Kompetenz zu, festzustellen, was »Trieb« an sich sei. Welchen psychologischen Tatbestand man als Trieb bezeichnet, ist jedermann klar, so unklar es ist, was der Trieb an sich eigentlich ist. So ist es auch klar, dass zum Beispiel das Gottesbild einem bestimmten psychologischen Tatsachenkomplex entspricht und so eine bestimmte Größe darstellt, mit der sich operieren lässt; es bleibt aber eine Frage jenseits aller Psychologie, was Gott an sich sei. Ich bedauere, dergleichen Selbstverständlichkeiten wiederholen zu müssen.

Ich habe im vorangegangenen so ziemlich alles mitgeteilt, was ich in Bezug auf allgemeine Gesichtspunkte der Traumpsychologie zu sagen habe.[24] Ich habe es absichtlich unterlassen, auf Einzelheiten einzugehen. Das muss kasuistischen Arbeiten vorbehalten bleiben. Die Erörterung der allgemeinen Gesichtspunkte hat uns zu weiteren Problemen geführt, deren Erwähnung unumgänglich ist, wenn man von Träumen spricht. Es wäre vom Ziel der Traumanalyse natürlich noch sehr vieles zu sagen, aber da die Traumanalyse das Instrument der analytischen Behandlung überhaupt ist, so ließe sich dies nur im Zusammenhang mit einer Darstellung der ganzen Behandlung tun. Um aber das Wesen der Behandlung gründlich schildern zu können, dazu bedarf es verschiedener Vorarbeiten, welche das Problem von verschiedenen Seiten her in Angriff nehmen. Die Frage der analytischen Behandlung ist äußerst komplex, obschon gewisse Autoren sich an Simplifikationen überbieten und glauben machen wollen, dass die bekannten »Wurzeln« der Krankheit sehr einfach auszuziehen seien. Ich warne vor allem Leichtsinn in dieser Hinsicht. Ich sähe

---

[24] Im viel später verfassten Aufsatz »*Vom Wesen der Träume*« finden sich noch einige Ergänzungen [in diesem Band S. xy–xy].

es lieber, wenn ernsthafte Köpfe mit den großen Problemen, welche die Analyse in Fluss gebracht hat, sich gründlich und gewissenhaft auseinandersetzten. Es wäre wirklich an der Zeit, dass die akademische Psychologie sich einmal zur Wirklichkeit bekehrte und von der wirklichen Menschenseele hören wollte und nicht bloß von Laboratoriumsexperimenten. Es sollte nicht mehr so sein, dass Professoren ihren Schülern die Beschäftigung mit analytischer Psychologie verbieten oder ihnen den Gebrauch analytischer Begriffe untersagen oder dass man unserer Psychologie den Vorwurf macht, dass sie in unwissenschaftlicher Weise »Alltagserfahrungen berücksichtige«. Ich weiß, dass die allgemeine Psychologie den größten Gewinn aus einer ernsthaften Beschäftigung mit dem Traumproblem ziehen könnte, wenn sie sich nur einmal von dem ganz ungerechtfertigten und laienhaften Vorurteil, die Träume entsprängen ausschließlich somatischen Reizen, befreien könnte. Die Überschätzung des Somatischen ist auch in der Psychiatrie einer der wesentlichsten Gründe, warum die Psychopathologie keine Fortschritte macht, insofern sie nicht direkt von der Analyse befruchtet ist. Das Dogma »Geisteskrankheiten sind Gehirnkrankheiten« ist ein Überbleibsel des Materialismus der Siebzigerjahre des vorigen Jahrhunderts. Es ist zu einem durch nichts zu rechtfertigenden Vorurteil geworden, das jeden Fortschritt hemmt. Selbst wenn es wahr wäre, dass alle Geisteskrankheiten Gehirnkrankheiten sind, so wäre das noch lange kein Gegengrund gegen die Erforschung der psychischen Seite der Krankheit. Das Vorurteil wird aber benützt, um alle Versuche in dieser Hinsicht von vornherein zu diskreditieren und totzuschlagen. Der Beweis, dass alle Geisteskrankheiten Gehirnkrankheiten sind, ist aber nie erbracht worden, kann auch gar nie erbracht werden, sonst müsste auch bewiesen werden können, dass der Mensch so oder so denkt oder handelt, weil die oder jene Eiweißkörper in den oder jenen Zellen zerfallen sind oder sich gebildet haben. Eine solche Ansicht führt direkt zum materialistischen Evangelium: »Was der Mensch *isst*, das ist er.« Diese Orientierung möchte das Geistesleben als Assimilations- und Dissimilationsvorgänge in den Gehirnzellen verstehen, wobei Letztere notwendigerweise immer nur als Laboratoriumssynthesen und -desintegrationen gedacht werden, denn die Vorgänge so denken, wie das Leben sie schafft, ist so lange gänzlich ausgeschlossen, als wir den Lebensprozess selbst nicht nachdenken können. Aber so müsste man die Zellvorgänge denken können, wenn man Anspruch erheben wollte auf die Gültigkeit der materialistischen Anschauung. Damit hätte man aber bereits den Materialismus überwunden, indem man das Leben nie als eine Funktion des Stoffes, sondern nur als einen an und für sich selbst bestehenden Prozess, dem Kraft und Stoff subordiniert sind, denken kann. Leben als Funktion des Stoffes fordert generatio aequivoca. Auf diesen Beweis wird man aber noch lange warten müssen. Ebenso wenig aber wie wir berechtigt sind, das Leben überhaupt einseitig, willkürlich und beweislos materialistisch aufzufassen, sind wir berechtigt, die Psyche als Gehirnvorgang zu verstehen, ganz abgesehen davon, dass der Versuch, sich etwas Derartiges vorzustellen, allein schon aberwitzig ist und auch immer Aberwitz zutage gefördert hat, sooft er ernsthaft gemacht wurde. Vielmehr ist der psychische Vorgang als psychisch zu betrachten und nicht als ein organischer Zellvorgang. So sehr man sich entrüstet über »metaphysische Phantome«, wenn jemand den Zellvorgang vitalistisch erklärt, so sehr gilt die physische Hypothese als »wissenschaftlich«, obschon sie nicht minder fantastisch ist. Sie passt aber ins materialistische Vorurteil, und darum ist jeder Unsinn, sobald er nur Psychisches in Physisches zu verkehren verspricht, wissenschaftlich geheiligt. Hoffentlich ist die Zeit nicht mehr fern, wo dieser Zopf eines eingerosteten und gedankenlos gewordenen Materialismus unseren Wissenschaftsvertretern abgeschnitten wird.

Die praktische Verwendbarkeit der Traumanalyse[25]

Die therapeutische Verwendbarkeit der Traumanalyse ist ein noch sehr umstrittenes Thema. Viele halten die Traumanalyse in der praktischen Neurosenbehandlung für unerlässlich und erheben damit den Traum zu einer an seelischer Wichtigkeit dem Bewusstsein äquivalenten Funktion. Andere hingegen bestreiten die Gültigkeit der Traumanalyse und machen damit den Traum zu einem unerheblichen psychischen Nebenprodukt. Es ist selbstverständlich, dass jede Ansicht, die dem Unbewussten in der Ätiologie der Neurose eine ausschlaggebende Rolle zumisst, auch dem Traum als der unmittelbaren Äußerung dieses Unbewussten, eine wesentliche, praktische Bedeutung zuerkennt. Ebenso ist es selbstverständlich, dass eine Anschauung, welche das Unbewusste entweder leugnet oder wenigstens für ätiologisch belanglos hält, auch die Traumanalyse als entbehrlich erklärt. Man könnte es für beklagenswert halten, dass im Jahre des Herrn 1931, reichlich mehr als ein halbes Jahrhundert, seitdem ein Carus den Begriff eines Unbewussten formte, mehr als ein Jahrhundert, seitdem ein Kant von dem »unermesslichen Felde der dunkeln Vorstellungen« sprach, an die zweihundert Jahre, seitdem ein Leibnitz, ein unbewusst Seelisches postulierte, nicht zu sprechen von den Leistungen eines Janet, Fournoy und vieler anderer, dass nach all dem die Tatsächlichkeit des Unbewussten noch kontrovers sein sollte. Ich möchte hier aber, wo es sich ausschließlich um eine

---

25 Referat am Kongress der Allgemeinen Ärztlichen Gesellschaft für Psychotherapie, Dresden 1931, publiziert im Kongressbericht und in: Jung, *Wirklichkeit der Seele*, 3. Aufl. 1947, S. 68 ff. In: GW 16, §§ 294–352.

praktische Frage handelt, keine Apologie des Unbewussten vorbringen, obschon unser spezielles Problem der Traumanalyse mit der Hypothese des Unbewussten steht und fällt. Ohne diese ist der Traum bloß ein lusus naturae, ein sinnloses Konglomerat zerbröckelter Tagesreste. Wäre dem wirklich so, so gäbe es nicht einmal einen Entschuldigungsgrund für eine Diskussion über die Verwendbarkeit der Traumanalyse. Wir können dieses Thema überhaupt nur auf der Grundlage der Anerkennung des Unbewussten behandeln, denn der vorgestellte Zweck der Traumanalyse ist nicht irgendwelche Denkübung, sondern die Auffindung und Bewusstmachung bisher unbewusster Inhalte, die für die Erklärung oder Behandlung einer Neurose als belangreich angesehen werden. Wem die Hypothese als unannehmbar erscheint, für den existiert auch eine Frage der Verwendbarkeit der Traumanalyse nicht.

Indem nun aufgrund unserer Hypothese das Unbewusste ätiologische Bedeutung hat und indem die Träume unmittelbare Äußerung unbewusster seelischer Tätigkeit sind, so ist der Versuch einer Analyse und Deutung der Träume zunächst von einem wissenschaftlichen Standpunkt aus eine theoretisch gerechtfertigte Unternehmung. Insofern dieser Versuch gelingt, dürfen wir davon zunächst einen wissenschaftlichen Einblick in die Struktur der seelischen Ätiologie erwarten, ganz abgesehen von der etwaigen therapeutischen Wirkung. Da nun aber für den Praktiker wissenschaftliche Entdeckungen höchstens ein erfreuliches Nebenprodukt der therapeutischen Tätigkeit bedeuten dürfen, so kann die Möglichkeit einer bloß theoretischen Durchleuchtung ätiologischer Hintergründe wohl kaum als ein genügendes Motiv oder gar als Indikation zur praktischen Verwendung der Traumanalyse gelten. Es sei denn, dass sich der Arzt von dieser erklärenden Durchleuchtung einen therapeutischen Effekt verspricht. In diesem Fall erhebt er die Verwendung der Traumanalyse zur ärztlichen Pflicht. Wie bekannt, steht die Freud'sche Schule weitgehend auf dem Standpunkt, dass Durchleuchtung und Erklärung, das heißt die völlige Bewusstmachung der unbewussten ätiologischen Faktoren, von größter therapeutischer Bedeutung sei.

Stellen wir uns zunächst auf den Standpunkt, dass diese Erwartung durch Tatsachen gerechtfertigt sei, dann besteht nur noch die Frage, ob die Traumanalyse ausschließlich oder relativ, das heißt in Verbindung mit anderen Methoden oder überhaupt nicht zur Auffindung der unbewussten Ätiologie geeignet sei. Ich darf die Freud'sche Ansicht wohl als bekannt voraussetzen. Ich kann diese Ansicht insofern bestätigen, als Träume, namentlich Initialträume, das heißt solche aus dem unmittelbaren Beginn der Behandlung, nicht selten den ätiologisch wesentlichen Faktor unmissverständlich ans Licht heben. Folgendes Beispiel diene zur Illustration des Gesagten.

Ein Mann in führender Stellung konsultiert mich. Er leidet an Ängstlichkeit, Unsicherheit, Schwindel, gelegentlich bis zum Erbrechen, Benommenheit des Kopfes, Atembeklemmung; ein Zustand, welcher der Bergkrankheit zum Verwechseln ähnlichsieht. Der Patient hat eine außerordentlich erfolgreiche Karriere hinter sich. Er begann sein Leben als strebsamer Sohn eines armen Bauern und stieg durch großen Fleiß und gute Begabung von Stufe zu Stufe bis zu einer führenden Stellung, welche für einen noch weiteren sozialen Aufstieg ungemein aussichtsreich war. In der Tat hatte er nunmehr das eigentliche Sprungbrett erreicht, von dem er den Flug ins Weite hätte antreten können, wenn nicht plötzlich seine Neurose dazwischengetreten wäre. Der Patient konnte nicht umhin, an dieser Stelle jene nur allzu bekannte Phrase auszusprechen, welche mit den stereotypen Worten beginnt: »Und gerade jetzt, wo …« usw. Die Symptomatologie der Bergkrankheit scheint besonders geeignet zu sein, die eigentümliche Situation des Patienten drastisch darzustellen. Der Patient hatte auch gleich zwei Träume der letzten Nacht zur Konsultation mitgebracht. Der erste Traum lautet: *»Ich bin wieder in dem kleinen Dorf, wo ich geboren wurde. Auf der Straße stehen einige Bauernjungen zusammen, die mit mir zur Schule gegangen sind. Ich tue so, als ob ich sie nicht* *kenne, und gehe an ihnen vorüber. Da höre ich, wie einer von ihnen sagt, auf mich deutend: ›Der kommt auch nicht oft in unser Dorf zurück‹.«*

Es bedarf keiner Deutungsakrobatik, um in diesem Traum den Hinweis auf den bescheidenen Ausgangspunkt seiner Karriere zu erkennen und zu verstehen, was diese Andeutung besagen will. Sie meint offenbar: »Du vergisst, wie tief unten du begonnen hast.«

Der zweite Traum lautet: *»Ich bin in größter Hast, da ich verreisen will. Ich suche noch mein Gepäck zusammen, finde nichts. Die Zeit eilt, der Zug wird bald abfahren. Endlich gelingt es mir, meine Siebensachen zusammenzukriegen, ich eile auf die Straße, entdecke, dass ich eine Mappe mit wichtigen Schriftstücken vergessen habe, eile atemlos zurück, finde sie endlich, renne dann zum Bahnhof, komme aber kaum vorwärts. Endlich, mit letzter Anstrengung, stürze ich auf den Bahnsteig, um zu sehen, wie der Zug eben aus der Halle hinausfährt. Er fährt in einer merkwürdigen S-förmigen Kurve, ist sehr lang und ich denke, wenn der Lokomotivführer nun nicht aufpasst und Volldampf gibt, sobald er die gerade Strecke erreicht, dann sind die hinteren Wagen des Zuges noch in der Kurve und werden durch die Beschleunigung aus dem Gleis geworfen. Tatsächlich gibt der Lokomotivführer Volldampf, ich versuche zu schreien, die hinteren Wagen schwanken entsetzlich und werden nun wirklich aus dem Gleis geworfen. Es ist eine furchtbare Katastrophe. Ich erwache mit Angst.«*

Auch hier kostet es keine Mühe, die Darstellung des Traumes zu verstehen. Der Traum schildert zunächst die vergebliche nervöse Hast, doch noch weiterzukommen. Da der Lokomotivführer vorne aber doch rücksichtslos vorwärtsfährt, entsteht hinten die Neurose, das Schwanken und die Entgleisung.

Der Patient hat offenbar im gegenwärtigen Abschnitt seines Lebens seinen Höhepunkt erreicht, niedere Herkunft und die Mühe des langen Aufstiegs haben seine Kräfte erschöpft. Er sollte sich mit dem Erreichten begnügen, stattdessen treibt ihn sein

Ehrgeiz weiter, höher hinauf in eine für ihn zu dünne Luft, an die er nicht angepasst ist. Deshalb erreicht ihn die warnende Neurose.

Aus äußeren Gründen konnte ich den Patienten nicht weiterbehandeln, und meine Auffassung behagte ihm auch nicht. Infolgedessen nahm das in diesem Traum skizzierte Schicksal seinen Lauf. Er versuchte ehrgeizig, seine Chancen auszunützen, und entgleiste bei dieser Gelegenheit beruflich so völlig, dass die Katastrophe zur Wirklichkeit wurde.

Was die bewusste Anamnese nur vermuten ließ, nämlich die Bergkrankheit als symbolische Darstellung des Nicht-mehr-weiter-steigen-Könnens, wird durch die Träume als Tatsache erhärtet.

Hier stoßen wir auf ein für die Verwendbarkeit der Traumanalyse überaus bedeutsames Faktum: Der Traum schildert die innere Situation des Träumers, deren Wahrheit und Wirklichkeit das Bewusstsein gar nicht oder nur widerwillig anerkennt. Bewusst sieht er nicht den leisesten Grund, warum er nicht weitergehen sollte, im Gegenteil, er drängt ehrgeizig nach oben und leugnet sein eigenes Unvermögen, welches dann durch die späteren Ereignisse seines Lebens nur allzu deutlich zutage trat. Im Gebiet des Bewusstseins sind wir immer unsicher in solchen Fällen. Seine Anamnese kann so oder so bewertet werden. Schließlich trägt auch der gemeine Soldat den Marschallsstab im Tornister, und mancher Sohn armer Eltern ist zum höchsten Erfolg gelangt. Warum sollte es hier nicht der Fall sein? Mein Urteil kann getrübt sein, warum sollte meine Vermutung besser sein als die seinige? Hier nun kommt der Traum herein, als die Äußerung eines unwillkürlichen, dem Einfluss des Bewusstseins entzogenen, unbewussten seelischen Prozesses, der die innere Wahrheit und Wirklichkeit so darstellt, wie sie ist; nicht, weil ich sie so vermute, und nicht, wie er sie haben möchte, sondern *wie sie ist*. Ich habe es mir darum zur Regel gemacht, Träume zunächst so zu betrachten wie physiologische Äußerungen: Tritt Zucker im Urin auf, so ist Zucker im Urin und nicht Eiweiß oder Urobilin oder sonst etwas, was meiner Erwartung vielleicht besser entspräche. Ich fasse also den Traum als diagnostisch verwertbare Tatsache auf.

Mein kleines Traumbeispiel hat, wie Träume immer tun, etwas mehr ergeben, als was wir mit unserer Erwartung gefordert haben. Der Traum gab uns nicht nur die Ätiologie der Neurose, sondern auch eine Prognose, ja noch mehr: Wir wissen sogar unmittelbar, wo die Therapie einzusetzen hat. Wir müssen den Patienten verhindern, Volldampf zu geben. Er sagt es ja zu sich selbst im Traum.

Wir wollen uns vorderhand mit dieser Andeutung begnügen und zunächst wieder zu unserer Überlegung, ob Träume geeignet seien, die Ätiologie einer Neurose aufzuklären, zurückkehren. Mein Traumbeispiel zeigt einen in dieser Hinsicht positiven Fall. Ich könnte nun aber sehr leicht eine Unzahl von Initialträumen zitieren, in denen keine Spur eines ätiologischen Faktors zu erkennen ist, auch wenn es sich um Träume durchsichtiger Art handeln sollte. Ich möchte nämlich Träume, die einer eingehenden Analyse und Deutung bedürfen, vorläufig außer Betracht lassen.

Es gibt bekanntlich Neurosen, deren wirkliche Ätiologie erst zuallerletzt klar wird, und es gibt auch Neurosen, deren Ätiologie mehr oder weniger belanglos ist. Damit greife ich nun zurück auf die Hypothese, von der wir ausgegangen sind, nämlich die Annahme, dass die Bewusstmachung des ätiologischen Faktors therapeutisch unerlässlich sei. In dieser Annahme steckt noch ein gutes Stück alter Traumatheorie. Zwar leugne ich keineswegs die Tatsache, dass viele Neurosen traumatogen sind, bestreite aber, dass alle Neurosen traumatisch verursacht seien im Sinne von ausschlaggebenden Kindheitserlebnissen. Diese Auffassung bedingt nämlich eine kausalistische, wesentlich aufs Vergangene eingestellte Aufmerksamkeit des Arztes, die immer nur nach dem Warum fragt und sich um das ebenso wesentliche Wozu nicht kümmert, oft zum größten Schaden des Patienten, der dadurch gezwungen wird, gegebenenfalls jahrelang nach einem unmöglichen Kindheitserlebnis zu forschen unter handgreiflichster Vernachlässigung von Dingen, die unmittelbar wichtig wären. Eine rein kausalistische Einstellung ist zu eng und wird weder dem Wesen des Traumes noch dem der Neurose gerecht. Deshalb ist eine Fragestellung, welche die Träume nur zur Auffindung des ätiologischen Faktors benutzen möchte, präjudiziert und übersieht den größeren Teil der Traumleistung. Gerade unser Beispiel könnte zeigen, dass zwar die Ätiologie deutlich hervorgehoben ist, daneben aber noch eine Prognose oder Antizipation und überdies ein therapeutischer Wink gegeben ist. Dazu kommt die große Anzahl von Initialträumen, welche die Ätiologie nicht berühren, sondern ganz andere Fragen behandeln, zum Beispiel die Einstellung zum Arzt. Als Beispiel hierfür möchte ich drei Träume derselben Patientin anführen, die im Anfang der Behandlung bei drei verschiedenen Analytikern geträumt wurden. Der erste Traum lautet: »*Ich sollte die Landesgrenze überschreiten, finde aber die Grenze nirgends und niemand kann mir sagen, wo die Grenze ist.*«

Diese Behandlung wurde nach kurzer Zeit als ergebnislos abgebrochen. Der zweite Traum lautet: »*Ich sollte die Grenze überschreiten. Es ist finstere Nacht, und ich kann das Zollhaus nicht finden. Ich entdecke nach längerem Suchen ein kleines Licht in größerer Entfernung und vermute, dass dort die Grenze sei. Um aber dorthin zu gelangen, muss ich ein Tal durchschreiten und einen finsteren Wald, in dem ich die Orientierung verliere. Da merke ich, dass jemand zugegen ist. Dieser klammert sich plötzlich wie ein Verrückter an mich, und ich erwache mit Angst.*«

Diese Behandlung wurde nach einigen Wochen Dauer abgebrochen, weil eine unbewusste Identität von Analytiker und Analysandin eintrat, welche eine völlige Desorientierung veranlasste.

Der dritte Traum fand in meiner Behandlung statt. Er lautet: »*Ich muss eine Grenze überschreiten, das heißt ich habe sie schon überschritten und befinde mich in einem schweizerischen Zollhaus. Ich habe nur eine Handtasche und glaube, nichts verzollen zu müssen. Der Zollwächter aber greift in meine Tasche und zieht zu meinem Erstaunen zwei ganze Matratzen heraus.*«

Die Patientin hat während meiner Behandlung geheiratet, wogegen sie zunächst die heftigsten Widerstände hatte. Die Ätiologie der neurotischen Widerstände wurde erst nach vielen Monaten klar und war in diesen Träumen mit keinem Wort angegeben. Die Träume sind ohne Ausnahme Antizipationen und beziehen sich auf die bei dem betreffenden Arzt zu erwartenden Schwierigkeiten.

Diese Beispiele mögen anstelle von vielen anderen ähnlichen zeigen, dass Träume sehr oft Antizipationen sind, welche bei rein kausalistischer Betrachtung ihren eigentlichen Sinn gänzlich verlieren. Diese Träume geben eine unmissverständliche Information über die analytische Lage, deren richtige Erkenntnis therapeutisch von größtem Belang ist. Arzt Nummer eins hat in richtiger Erkenntnis der Situation die Patientin an Arzt Nummer zwei weitergeleitet. Bei diesem hat die Patientin selbst ihre Schlüsse aus dem Traum gezogen und ist freiwillig gegangen. Meine Deutung hat sie zwar enttäuscht, aber die Tatsache, dass der Traum den Grenzübertritt als geschehen meldete, hat ihr entschieden geholfen, trotz aller Schwierigkeiten auszuharren.

Initialträume sind öfters erstaunlich durchsichtig und klar geformt. Mit fortschreitender Analyse aber verlieren die Träume bald ihren klaren Charakter. Behalten sie ihn ausnahmsweise bei, so kann man sicher sein, dass die Analyse an einen wesentlichen Teil der Persönlichkeit überhaupt noch nicht herangekommen ist. In der Regel werden die Träume bald nach Beginn der Behandlung undurchsichtiger und verwischter, wodurch ihre Deutung erheblich erschwert wird, dies auch darum, weil unter Umständen bald jenes Niveau erreicht wird, wo der Arzt in Tat und Wahrheit die Situation nicht mehr übersieht. Der Beweis hierfür ist, dass die Träume undurchsichtiger werden, was bekanntlich eine durchaus (vom Arzt aus gesehen) subjektive Feststellung ist. Dem Verstehen ist nichts unklar, nur dem Nichtverstehen erscheinen die Dinge undurchsichtig und verworren. An sich sind die Träume natürlich klar, das heißt genau so, wie sie unter den momentanen

Bedingungen sein müssen. Wenn man einmal im späteren Stadium der Behandlung oder gar nach Jahren auf jene Träume zurücksieht, so greift man sich oft an den Kopf, wie man damals so blind sein konnte. Wenn wir also mit fortschreitender Analyse auf Träume stoßen, welche im Vergleich zu den lichtvollen Initialträumen von bemerkenswerter Dunkelheit sind, so sollte der Arzt nicht die Träume der Verworrenheit oder den Patienten eines absichtlichen Widerstandes anklagen, sondern den Befund als Anzeichen seines nunmehr einsetzenden Nichtverstehens auffassen, gleichwie ein Psychiater, der einen Patienten verwirrt nennt, dies als eine Projektion erkennen und sich selbst verwirrt nennen sollte, denn in Wirklichkeit wird er durch das eigentümliche Verhalten des Kranken in seinem Verständnis verwirrt. Überdies ist es therapeutisch ungemein wichtig, sein Nichtverstehen beizeiten einzusehen, denn nichts ist dem Patienten unzuträglicher, als immer verstanden zu werden. Er verlässt sich sowieso auf das geheimnisvolle Können des Arztes und legt damit diesen mit seiner professionellen Eitelkeit hinein, ja er siedelt sich auf dem selbstsicheren, »tiefen« Verständnis des Arztes förmlich an und verliert dadurch jeden Wirklichkeitssinn; mit ein wesentlicher Grund zu hartnäckigen Übertragungen und zur Verzögerung des Heilerfolges.

Verstehen ist bekanntlich ein sehr subjektiver Vorgang. Er kann sehr einseitig sein, indem der Arzt versteht, der Patient aber nicht. In diesem Fall hält es der Arzt für seine Pflicht, den Patienten zu überzeugen, und sollte dieser sich doch nicht überzeugen lassen, so wird ihm der Arzt Widerstände vorwerfen. In diesem Fall, das heißt, wo das Verstehen einseitig ist, würde ich ruhig von Nichtverstehen reden, denn im Grunde genommen kommt es sehr wenig darauf an, ob der Arzt versteht; alles aber hängt davon ab, ob der Patient versteht. Das Verständnis sollte daher vielmehr ein *Einverständnis* sein, ein Einverständnis, das die Frucht gemeinsamer Überlegung ist. Die Gefahr bei einseitigem Verstehen besteht nämlich darin, dass der Arzt aus vorgefasster Meinung sich ein Urteil über den Traum bildet, das zwar orthodox mit irgendeiner Lehre übereinstimmt oder sogar in letzter Linie fundamental richtig ist. Es erreicht aber nicht das freiwillige Einverständnis des Patienten und ist darum praktisch unrichtig; unrichtig auch deshalb, weil es die Entwicklung des Patienten antizipiert und dadurch lähmt. Der Patient muss nämlich nicht von einer Wahrheit belehrt werden – so wendet man sich nämlich nur an seinen Kopf –, sondern er muss sich vielmehr zu dieser Wahrheit entwickeln – und so erreicht man sein Herz, was tiefer ergreift und stärker wirkt.

Steht aber die einseitige Deutung des Arztes bloß in einer Übereinstimmung mit einer Theorie oder sonstigen vorgefassten Meinung, so beruht die eventuelle Überzeugung des Patienten oder ein gewisser Heilerfolg wesentlich auf *Suggestion*, worüber man sich keiner Täuschung hingeben sollte. Suggestive Wirkung ist zwar an sich nichts Verwerfliches, aber ihr Erfolg hat nur allzu bekannte Grenzen und sie hat Nebenwirkungen auf die Selbstständigkeit des Charakters, die man auf die Dauer lieber missen möchte. Wer analytische Behandlung treibt, glaubt damit implizit an den Sinn und den Wert der Bewusstmachung, wodurch bisher unbewusste Persönlichkeitsteile der bewussten Wahl und Kritik unterstellt werden. Dadurch wird der Patient vor Probleme gestellt und zu bewusstem Urteil und bewusster Entscheidung angeregt. Das bedeutet aber nichts Geringeres als eine direkte Provokation der ethischen Funktion, womit auch das Ganze der Persönlichkeit auf den Plan gerufen wird. Der analytische Eingriff steht daher in Hinsicht auf die Reifung der Persönlichkeit beträchtlich höher als die Suggestion, welche eine Art von Zaubermittel ist, das im Dunkeln wirkt und niemals einen ethischen Anspruch an die Persönlichkeit erhebt. Suggestion ist immer ein trügerisches und bloß behelfsmäßiges Mittel und sollte deshalb, wenn irgend möglich, als mit dem Prinzip der analytischen Behandlung unvereinbar vermieden werden. Natürlich kann sie nur vermieden werden, wo ihre Möglichkeit dem Arzt bewusst wird.

Unbewusst bleibt ja noch genug und übergenug an suggestiver Wirkung übrig.

Wer bewusste Suggestion vermeiden will, muss also eine Traumdeutung so lange als ungültig ansehen, bis jene Formel gefunden ist, die das Einverständnis des Patienten erreicht.

Die Beachtung dieser Grundregeln erscheint mir als unerlässlich bei der Behandlung jener Träume, deren Undurchsichtigkeit das Nichtverstehen des Arztes sowohl wie des Patienten ankündigt. Solche Träume sollte der Arzt immer als Novum betrachten, als eine Information über Bedingungen unbekannter Natur, über die er so viel zu lernen hat wie der Patient. Es sollte dabei ganz selbstverständlich sein, dass er jeweils auf jede theoretische Voraussetzung verzichtet und gewillt ist, in jedem einzelnen Fall eine ganz neue Traumtheorie zu entdecken, denn hier steht der Pionierarbeit noch ein unermessliches Feld offen. Dass Träume bloß verdrängte Wunscherfüllungen sind, ist ein längst überholter Standpunkt. Gewiss gibt es auch Träume, die erfüllte Wünsche oder Befürchtungen manifest darstellen. Aber was gibt es nicht alles sonst noch? Träume können unerbittliche Wahrheiten, philosophische Sentenzen, Illusionen, wilde Fantasien, Erinnerungen, Pläne, Antizipationen, ja sogar telepathische Visionen, irrationale Erlebnisse und Gott weiß was sonst noch sein. Wir dürfen nämlich eines nicht vergessen: Fast die Hälfte unseres Lebens spielt sich in einem mehr oder weniger unbewussten Zustand ab. Die spezifische Äußerung des Unbewussten ist das Träumen. Wie die Seele eine Tagesseite, das Bewusstsein, hat, so hat sie auch eine Nachtseite, das unbewusste psychische Funktionieren, das man als traumhaftes Fantasieren auffassen könnte. Wie es nun auch im Bewusstsein nicht nur Wünsche und Befürchtungen, sondern noch unendlich viele andere Dinge gibt, so besteht auch die allergrößte Wahrscheinlichkeit dafür, dass unsere Traumseele über einen ähnlichen, vielleicht sogar noch viel größeren Reichtum an Inhalts- und Lebensmöglichkeiten verfügt als das Bewusstsein, dessen essenzielle Natur Konzentration, Einschränkung und Ausschließlichkeit ist.

Bei dieser Sachlage ist es nicht ungerechtfertigt, sondern geradezu geboten, den Sinn eines Traumes nicht zum Voraus doktrinär zu beschränken. Man muss nämlich wissen, dass es nicht selten Träumer gibt, welche den jeweiligen technischen oder theoretischen Jargon des Arztes sogar in ihren Träumen nachahmen nach der alten Sentenz: »Canis panem somniat, piscator pisces« (Der Hund träumt von Brot, der Fischer von Fischen). Womit nicht gesagt ist, dass die Fische, von denen der Fischer träumt, nun auch allemal nichts als Fische seien. Es gibt keine Sprache, die nicht missbraucht werden könnte. Man kann sich leicht vorstellen, wie man dadurch hinters Licht geführt wird; ja, das Unbewusste scheint sogar eine gewisse Tendenz zu haben, den Arzt in seine eigene Theorie bis zum Ersticken einzuwickeln. Ich sehe darum gerade bei der Traumanalyse so viel wie möglich ab von Theorie, nicht ganz allerdings, denn etwas Theorie brauchen wir immer, um die Dinge klar erfassen zu können. So ist es eine theoretische Erwartung, dass ein Traum überhaupt einen Sinn habe. Das lässt sich nämlich keineswegs in allen Fällen strikt beweisen, denn es gibt Träume, die man schlechterdings nicht versteht, weder Arzt noch Patient. Ich muss jedoch eine solche Hypothese machen, um den Mut zu haben, überhaupt mit Träumen umgehen zu können.

Eine weitere Theorie ist, dass der Traum der bewussten Erkenntnis etwas Wesentliches hinzufüge und dass mithin ein Traum, der dies nicht tut, ungenügend gedeutet sei. Auch diese Hypothese muss ich machen, um mir zu erklären, warum ich überhaupt Träume analysiere. Alle weiteren Hypothesen aber, zum Beispiel über die Funktion und die Struktur des Traumes, sind bloße Handwerksregeln und müssen beständiger Modifikation zugänglich sein. Man darf bei dieser Arbeit keinen Augenblick außer Acht lassen, dass man sich auf trügerischem Boden bewegt, wo Unsicherheit das einzig Sichere ist. Man möchte dem Traumdeuter beinahe zurufen: »Nur nicht verstehen wollen!«, damit er ja nicht zu schnell deute.

Beim undurchsichtigen Traum handelt es sich zunächst nicht darum, zu verstehen und zu deuten, sondern um sorgfältige Herstellung des Kontextes. Damit meine ich eben nicht ein uferloses »freies Assoziieren«, ausgehend von den Traumbildern, sondern ein sorgfältiges, bewusstes Ableuchten derjenigen Assoziationsverbindungen, die objektiv um ein Traumbild gruppiert sind. Zu dieser Arbeit müssen viele Patienten überhaupt erst erzogen werden, denn wie der Arzt, so haben auch sie die unüberwindliche Neigung, sofort zu verstehen und zu deuten, ganz besonders dann, wenn sie durch Lektüre oder durch eine etwas missratene Analyse vorgebildet und damit verbildet worden sind. Daher assoziieren sie zuerst theoretisch, das heißt verstehend und deutend, und bleiben womöglich darin stecken. Sie wollen sofort, wie der Arzt, gewissermaßen hinter den Traum kommen, in der fälschlichen Annahme, der Traum sei eine bloße Fassade, welche den wirklichen Sinn verdecke. Die sogenannte Fassade ist aber bei den meisten Häusern keineswegs ein Trug oder eine täuschende Verzerrung, sondern entspricht dem Gehalt des Hauses und verrät ihn sogar oft ohne Weiteres. So ist auch das manifeste Traumbild der Traum selbst und enthält den ganzen Sinn. Wenn ich Zucker im Urin finde, so ist es Zucker und nicht eine bloße Fassade für Eiweiß. Was Freud »Traumfassade« nennt, ist die Undurchsichtigkeit des Traumes, was aber in Wirklichkeit eine bloße Projektion des Nichtverstehens ist, das heißt, man spricht nur darum von Fassade, weil man keine Einsicht in den Traum hat. Sagen wir darum besser, es handle sich um etwas wie einen unverständlichen Text, der überhaupt keine Fassade hat, sondern von uns einfach nicht gelesen werden kann. Dann brauchen wir auch nicht zu deuten, was dahinter sein könnte, sondern müssen ihn zuerst lesen lernen.

Das geschieht am besten, wie ich sagte, durch die Herstellung des Kontextes. Mit dem sogenannten freien Assoziieren komme ich nicht zum Ziel, so wenig, als ich damit eine hetitische Inschrift entziffern könnte. Ich komme damit natürlich auf alle meine Komplexe, aber zu diesem Zweck brauche ich keinen Traum, sondern ich kann es an einer Verbottafel oder an einem Satz in der Zeitung geradeso gut tun. Mit freiem Assoziieren kommen die Komplexe heraus, aber ein Traumsinn nur ausnahmsweise. Um den Traumsinn zu verstehen, muss ich mich möglichst eng an die Traumbilder halten. Wenn jemand von einem tannenen Tisch träumt, so genügt es nicht, wenn er damit seinen Schreibtisch assoziiert, schon aus dem einfachen Grund nicht, weil sein Schreibtisch nicht aus Tannenholz besteht. Der Traum aber meint ausdrücklich einen tannenen Tisch. Nehmen wir nun an, dass dem Träumer hier nichts mehr einfalle, so hat diese Stockung eine objektive Bedeutung, denn sie deutet an, dass in der unmittelbaren Nachbarschaft des Traumbildes eine besondere Dunkelheit herrscht, die einen zum Denken verführen könnte. Natürlicherweise hätte man Dutzende von Assoziationen mit einem tannenen Tisch; dass aber anscheinend nichts vorhanden ist, ist bedeutsam. In diesem Fall kehrt man wieder zum Bild zurück, und ich pflege meinen Patienten dann zu sagen: »Nehmen Sie mal an, ich wüsste überhaupt nicht, was die Worte ›tannener Tisch‹ bedeuten, und geben Sie mir nun eine solche Beschreibung des Gegenstandes und seiner Naturgeschichte, bis ich schließlich begreife, was das für ein Gegenstand ist.«

Auf diese Weise gelingt es, den gesamten Kontext des Traumbildes annähernd festzustellen. Ist dies nun für den ganzen Traum geschehen, so kann das Wagnis der Deutung beginnen.

Jede Deutung ist eine Hypothese, ein bloßer Versuch der Lesung eines unbekannten Textes. Selten ist ein isolierter undurchsichtiger Traum auch nur mit annähernder Sicherheit zu deuten. Deshalb messe ich auch der Deutung eines einzelnen Traumes wenig Gewicht bei. Eine relative Sicherheit erreicht die Deutung erst in der *Traumserie*, wobei die nachfolgenden Träume die Irrtümer in der Deutung der vorausgehenden berichtigen. Auch lassen sich in der Traumserie die zugrundeliegenden Inhalte und Motive viel besser erkennen. Ich halte darum meine Patienten an, über ihre Träume und die Deutungen sorgfältig Buch zu führen. Auch leite ich sie an, ihre Träume in der angedeuteten Weise vorzubereiten, sodass sie ihren Traum mit dem Kontextmaterial aufgeschrieben schon zur Stunde bringen. In späteren Stadien lasse ich sie auch die Deutungen ausarbeiten. Auf diese Weise lernt es der Patient, auch ohne Arzt mit seinem Unbewussten richtig zu verfahren.

Wären die Träume nur Informationsquellen für ätiologisch wichtige Momente, so könnte man die ganze Traumarbeit ruhig in der Hand des Arztes lassen. Oder würde der Arzt die Träume nur dazu benützen, um allerhand nützliche Winke oder psychologische Einsichten daraus zu gewinnen, so würde sich mein Verfahren gewiss erübrigen. Da aber die Träume, wie meine Beispiele gezeigt haben, etwas mehr enthalten dürften, als was dem Arzt handwerklich dienen könnte, so muss der Traumanalyse wohl eine ganz besondere Aufmerksamkeit geschenkt werden. Denn manchmal handelt es sich sogar um direkte Lebensgefahr. Unter vielen Fällen dieser Art ist mir einer besonders eindrücklich geblieben. Es handelt sich um einen ärztlichen Kollegen, der, etwas älter als ich, mich bei gelegentlichem Zusammentreffen jeweils wegen Traumdeuterei zu necken pflegte. So traf ich ihn auch einmal auf der Straße an, und er rief mir zu: »Na, wie geht es denn? Immer noch Träume deuten? Apropos, ich habe neulich einen blödsinnigen Traum gehabt. Bedeutet der auch etwas?« Er hatte geträumt: *»Ich steige auf einen hohen Berg auf steiler Firnhalde. Er geht immer höher, und es ist wunderschönes Wetter. Je höher ich komme, desto wohler wird mir zumute, ich habe das Gefühl, wenn ich nur ewig so steigen könnte. Mein Glücksgefühl und meine Erhabenheit, als ich den Gipfel erreiche, sind so groß, dass ich fühle, ich könne weiter hinauf in den Weltraum steigen. Ich kann dies nun auch tun und steige in die Luft hinauf. Ich erwachte in völliger Ekstase.«*

Ich antwortete ihm darauf: »Mein lieber Kollege, da ich weiß, dass Sie das Bergsteigen doch nicht lassen können, möchte ich Sie sozusagen inständigst bitten, von aller Alleingängerei von nun an abzusehen. Wenn Sie gehen, nehmen Sie zwei Führer, denen Sie ehrenwörtlich absoluten Gehorsam versprechen.« Er lachte: »Unverbesserlich«, und verabschiedete sich. Ich sah ihn nicht wieder. Zwei Monate darauf fiel der erste Schlag: Er wurde als Alleingänger von einer Lawine zugedeckt, aber noch im letzten Moment von einer zufällig anwesenden Militärpatrouille ausgegraben. Drei Monate darauf kam das Ende: Auf einer führerlosen Tour mit einem jüngeren Freund trat er, wie von einem untenstehenden Führer beobachtet wurde, beim Abstieg über eine Wand buchstäblich in die Luft, fiel dem weiter unten wartenden Freund auf den Kopf, und beide rollten zerschmettert in die Tiefe. Das war die Ekstasis in jeder Beziehung.

Ich habe es mit aller Skepsis und Kritik nie dazu gebracht, die Träume für quantité négligeable zu halten. Erscheinen sie uns unsinnig, so sind bloß wir unsinnig und besitzen offenbar den Witz nicht, die rätselhafte Botschaft unserer Nachtseite richtig zu lesen. Umso mehr aber sollte sich die ärztliche Psychologie durch systematische Arbeit an Träumen die Sinne schärfen, denn zum mindesten die Hälfte unseres seelischen Lebens spielt sich auf jener Nachtseite ab, und ebenso sehr wie das Bewusstsein in die Nacht hinüberspielt, ragt auch das Unbewusste in unser Tagleben. Niemand zweifelt an der Wichtigkeit des bewussten Erlebens, warum sollte man dann an der Bedeutung des unbewussten Geschehens zweifeln? Es ist *auch* unser Leben, manchmal sogar mehr und gefährlicher oder hilfreicher als das Tagleben.

Da die Träume uns Kunde geben von dem inneren verborgenen Leben und Persönlichkeitskomponenten des Patienten enthüllen, welche im Tagleben nur neurotische Symptome bedeuten, so kann der Patient eigentlich nicht nur vom und im Bewusstsein behandelt werden, sondern es bedarf auch der Behandlung des Unbewussten. Dieses kann nun, soweit unser derzeitiges Wissen reicht, nicht wohl anders geschehen als dadurch, dass die Inhalte des Unbewussten weitgehend ans Bewusstsein assimiliert werden.

Unter *Assimilation* in diesem Fall wäre eine gegenseitige Durchdringung bewusster und unbewusster Inhalte gemeint, nicht eine einseitige Bewertung, Umdeutung und Umbiegung der unbewussten Inhalte durch das Bewusstsein, wie dies gemeiniglich gedacht und auch praktiziert wird. Es bestehen in dieser Hinsicht sehr irrige Auffassungen über den Wert und die Bedeutung unbewusster Inhalte. Wie bekannt, sieht die Freud'sche Auffassung das Unbewusste in einem durchaus negativen Licht, wie auch der primitive Mensch nach der Meinung jener Schule sozusagen ein Ungeheuer ist. Die Ammenmärchen vom fürchterlichen Urmenschen zusammen mit der Lehre vom infantil-pervers-kriminellen Unbewussten haben es vermocht, das Naturding, welches das Unbewusste eigentlich ist, als ein gefährliches Monstrum erscheinen zu lassen. Wie wenn alles Gute, alles Vernünftige, alles Lebenswerte und alles Schöne im Bewusstsein angesiedelt wäre! Hat uns der Weltkrieg mit seinen Gräueln die Augen wirklich noch nicht weiter geöffnet, sodass wir immer noch nicht sehen können, dass unser Bewusstsein noch teuflischer und perverser ist als das Naturwesen des Unbewussten?

Neuerdings wurde mir vorgeworfen, dass meine Lehre der Assimilation des Unbewussten die Kultur untergrabe und unsere höchsten Werte der Primitivität überantworte. Eine solche Meinung kann nur auf die gänzlich irrige Voraussetzung, dass das Unbewusste ein Monstrum sei, gegründet sein. Diese Auffassung entspringt der Furcht vor der Natur und vor der tatsächlichen Wirklichkeit. Die Freud'sche Theorie hat zum Zweck der Errettung aus den imaginären Klauen des Unbewussten den Begriff der Sublimierung erfunden. Was wirklich und als solches vorhanden ist, lässt sich nicht alchimistisch sublimieren, und was scheinbar sublimiert wird, das war auch gar nie das, was es infolge falscher Deutung zu sein schien.

Das Unbewusste ist kein dämonisches Ungeheuer, sondern ein moralisch, ästhetisch und intellektuell indifferentes Naturwesen, das nur dann wirklich gefährlich wird, wenn unsere bewusste Einstellung dazu hoffnungslos unrichtig ist. In dem Maß, wie wir verdrängen, steigt die Gefährlichkeit des Unbewussten. In dem Moment aber, wo der Patient beginnt, seine unbewusst gewesenen Inhalte zu assimilieren, vermindert sich auch die Gefährlichkeit des Unbewussten. Die Persönlichkeitsdissoziation, die ängstliche Trennung von Tag- und Nachtseite hört mit fortschreitender Assimilation auf. Was mein Kritiker fürchtet, nämlich die Überwältigung des Bewusstseins durch das Unbewusste, tritt eben gerade dann am ehesten ein, wenn das Unbewusste am Mitleben durch Verdrängung, durch falsche Deutung und Entwertung gehindert wird.

Der Grundirrtum in Bezug auf das Wesen des Unbewussten ist wohl der, dass man allgemein annimmt, seine Inhalte seien eindeutig und mit unveränderlichem Vorzeichen versehen. Diese Auffassung ist meines unmaßgeblichen Erachtens zu naiv. Die Seele als ein selbstregulierendes System ist balanciert wie das Leben des Körpers. Für alle exzessiven Vorgänge treten sofort und zwangsläufig Kompensationen ein, ohne sie gäbe es weder einen normalen Stoffwechsel noch eine normale Psyche. In diesem Sinn kann man die Kompensationslehre als eine Grundregel für das psychische Verhalten überhaupt erklären. Das Zuwenig hier erzeugt ein Zuviel dort. So ist auch das Verhältnis zwischen Bewusst und Unbewusst ein kompensatorisches. Dies ist eine der am besten bestätigten Handwerksregeln der Traumdeutung. Immer können wir mit Nutzen in der praktischen Traumdeutung die Frage aufwerfen: Welche bewusste Einstellung wird durch den Traum kompensiert?

Die Kompensation ist in der Regel nicht bloß eine illusionäre Wunscherfüllung, sondern eine Tatsächlichkeit, die umso tatsächlicher wird, je mehr man sie verdrängt. Durst hört bekanntlich nicht dadurch auf, dass man ihn verdrängt. Der Trauminhalt ist darum zunächst als Tatsächlichkeit ernst zu nehmen und als solche in die bewusste Einstellung als mitbestimmender Faktor aufzunehmen. Tut man das nicht, so verharrt man eben in jener exzentrischen bewussten Einstellung, welche die unbewusste

Kompensation herausgefordert hat. Es ist gar nicht abzusehen, wie man dann zu einem richtigen Urteil über sich selbst und zu einer balancierten Lebensführung gelangen soll.

Ließe es sich jemand einfallen – und das ist gerade das, was von meinen Kritikern befürchtet wird –, den unbewussten Inhalt an Stelle des bewussten zu setzen, so würde er Letzteren natürlich verdrängen, wodurch dann der früher bewusste Inhalt im Unbewussten die kompensatorische Rolle übernähme. Damit hätte das Unbewusste das Gesicht völlig gewechselt und wäre nun ängstlich vernünftig in auffallendstem Gegensatz zur eben noch innegehabten Stellung. Diese Operation wird dem Unbewussten nicht zugetraut, obschon sie sich beständig ereignet und dessen ureigenste Funktion ist. Deshalb ist jeder Traum Informations- und Kontrollorgan und darum das wirksamste Hilfsmittel beim Aufbau der Persönlichkeit.

Im Unbewussten an und für sich liegen keine Explosivstoffe, es sei denn, dass ein überhebliches oder feiges Bewusstsein dort heimlich welche aufgestapelt hat. Umso mehr Grund, nicht achtlos daran vorbeizugehen!

Aus all diesen Gründen mache ich es zur heuristischen Regel, mir bei jedem Traumdeutungsversuch die Frage vorzulegen: Welche bewusste Einstellung wird durch den Traum kompensiert? Damit setze ich, wie ersichtlich, den Traum in engste Beziehung zur Bewusstseinslage, ja, ich muss sogar behaupten, dass ein Traum ohne Kenntnis der bewussten Situation überhaupt nie auch nur mit annähernder Sicherheit gedeutet werden kann. Nur aus der Kenntnis der Bewusstseinslage heraus ist es möglich auszumachen, welches Vorzeichen den unbewussten Inhalten zu geben ist. Der Traum ist ja kein isoliertes, vom Tagleben und dessen Charakter völlig abgeschnittenes Ereignis. Erscheint er uns so, so ist das nichts als unser Nichtverstehen, eine subjektive Illusion. In Wirklichkeit besteht zwischen dem Bewusstsein und dem Traum strengste Kausalität und ein aufs Feinste abgewogenes Beziehungsverhältnis.

Ich möchte diese wichtige Prozedur der Bewertung unbewusster Inhalte an einem Beispiel erläutern. Ein junger Mann brachte mir folgenden Traum: »*Mein Vater fährt in seinem neuen Wagen von zu Hause fort. Er fährt sehr ungeschickt, und ich rege mich über seine anscheinende Dummheit auf. Der Vater fährt nun kreuz und quer und rückwärts, wodurch er den Wagen in eine gefährliche Lage bringt, und schließlich rennt er in eine Mauer hinein, wobei der Wagen schwer beschädigt wird. Ich rufe ihm in hellstem Zorn nach, er solle sich doch vernünftig benehmen. Da lacht mein Vater, und ich sehe, dass er total betrunken ist.*« Dem Traum liegt kein wirkliches Ereignis dieser Art zugrunde. Der Träumer ist sicher, dass sein Vater, auch wenn er betrunken wäre, sich niemals so benehmen würde. Er selbst ist Automobilist, sehr sorgfältig, in alcoholicis durchaus mäßig, besonders wenn er fährt; er kann sich in hohem Maß über ungeschicktes Fahren und kleine Beschädigungen am Wagen aufregen. Das Verhältnis zu seinem Vater ist positiv. Er bewundert ihn, weil er ein ungewöhnlich erfolgreicher Mann sei. Ohne weitere Deutekunststücke kann man sagen, dass der Traum ein für den Vater äußerst ungünstiges Bild entwirft. In welchem Sinn also werden wir die Frage nach der Bedeutung dieses Traumes für den Sohn zu beantworten haben? Ist sein Verhältnis zum Vater nur scheinbar gut und besteht es in Wirklichkeit aus überkompensierten Widerständen? In diesem Fall müsste man dem Trauminhalt ein positives Vorzeichen geben, das heißt, man müsste sagen: »Das ist Ihr wirkliches Verhältnis zu Ihrem Vater.« Da im wirklichen Verhältnis des Sohnes zum Vater nichts neurotisch Zweideutiges auffindbar ist, so wäre es ungerechtfertigt, das Gefühl des jungen Mannes mit einer solchen vernichtenden Denkweise zu beschweren. Therapeutisch wäre das einfach ein Missgriff.

Ist sein Verhältnis zum Vater aber tatsächlich ein gutes, warum muss der Traum dann künstlich eine so unwahrscheinliche Geschichte erfinden, um den Vater zu diskreditieren? Es muss im Unbewussten des Träumers eine Tendenz vorhanden sein, einen solchen Traum zu produzieren. Ist das so, weil er doch Widerstände hat, vielleicht aus Neid oder sonstigen minderwertigen Motiven? Bevor wir sein Gewissen beschweren, was bei empfindsamen jungen Leuten sowieso eine etwas gefährliche Sache ist, wollen wir lieber einmal fragen – nicht warum, sondern wozu hat er einen solchen Traum? Die Antwort in diesem Fall würde lauten: Sein Unbewusstes will offenkundig den Vater heruntersetzen. Nehmen wir diese Tendenz als kompensatorische Tatsache, so sind wir zum Schluss gedrängt, dass sein Verhältnis zum Vater nicht nur gut, sondern sogar zu gut ist. Er ist nun in der Tat, was die Franzosen »fils à papa« nennen. Der Vater ist noch zu viel Garantie seines Lebens, und der Träumer lebt noch zu sehr das, was ich *provisorisches* Leben nenne. Das ist sogar seine besondere Gefahr, dass er vor lauter Vater seine eigene Wirklichkeit nicht sieht, weshalb das Unbewusste zu einer künstlichen Blasphemie greift, um den Vater herunter- und damit den Träumer heraufzusetzen. Gewiss, eine unmoralische Prozedur! Ein uneinsichtiger Vater würde sich dagegen wohl verwahren, aber es ist eine überaus zweckmäßige Kompensation, denn sie drängt den Sohn in einen Gegensatz zum Vater, ohne welchen er nie zur Bewusstheit seiner selbst gelangen könnte.

Letztere Deutung war die richtige und schlug dementsprechend ein, das heißt, sie erreichte das spontane Einverständnis des Träumers, und kein wirklich vorhandener Wert ward dabei gekränkt, weder beim Vater noch beim Sohn. Diese Deutung war aber nur möglich durch eine sorgfältige Ableuchtung der ganzen bewussten Phänomenologie des Vater-Sohn-Verhältnisses. Ohne Kenntnis der bewussten Lage wäre der wirkliche Traumsinn in suspenso geblieben.

Für die Assimilation der Trauminhalte ist es von überragender Wichtigkeit, dass keine wirklichen Werte der bewussten Persönlichkeit verletzt oder gar zerstört werden, denn sonst ist niemand mehr da, der assimilieren könnte. Es handelt sich bei der Anerkennung des Unbewussten nicht um ein bolschewistisches Experiment, welches das Unterste zuoberst kehrt und damit eben genau wieder denselben Zustand herbeiführt, den es bessern wollte. Es ist darum strikt darauf zu achten, dass die Werte der bewussten Persönlichkeit erhalten bleiben, denn die Kompensation durch das Unbewusste ist ja nur dann wirksam, wenn sie mit einem integralen Bewusstsein kooperiert. Bei der Assimilation handelt es sich nie um ein *Entweder-Oder*, sondern stets um ein *Entweder und Oder*.

Wie es für die Deutung des Traumes unerlässlich ist, eine genaue Kenntnis der jeweiligen Bewusstseinslage zu haben, so ist es ebenso wichtig, hinsichtlich der Symbolik des Traumes, die philosophischen, religiösen und moralischen Überzeugungen des Bewusstseins in Betracht zu ziehen. Es ist praktisch unendlich viel ratsamer, die Symbolik des Traumes nicht semiotisch, das heißt, nicht als Zeichen oder Symptom von feststehendem Charakter, sondern als wirkliches Symbol, nämlich als Ausdruck eines im Bewusstsein noch nicht erkannten und begrifflich formulierten Inhaltes und zudem als relativ zur jeweiligen Bewusstseinslage zu betrachten. Ich sage, es sei *praktisch* ratsam, so zu verfahren, denn theoretisch gibt es relativ feststehende Symbole, bei deren Deutung man sich aber aufs Strengste hüten muss, sie auf inhaltlich Bekanntes und begrifflich Formulierbares zu beziehen. Gäbe es solche relativ feststehende Symbole nicht, so wäre auch gar nichts über die Struktur des Unbewussten auszumachen, denn es wäre dann ja nichts vorhanden, das sich irgendwie festhalten und bezeichnen ließe.

Es mag vielleicht befremden, dass ich den relativ feststehenden Symbolen einen sozusagen unbestimmbaren Inhaltscharakter gebe. Hätten sie keinen solchen, so wären sie keine Symbole, sondern Zeichen oder Symptome. Wie bekannt, nimmt die Freud'sche Schule feststehende sexuelle *Symbole* an, das heißt in diesem Fall *Zeichen*, und gibt ihnen den anscheinend definitiven Inhalt der Sexualität. Leider ist aber gerade der Sexualbegriff Freuds von unerhörter Dehnbarkeit und dermaßen vage, dass gegebenenfalls alles in ihm Platz hat. Zwar klingt das Wort bekannt, aber die damit bezeichnete Sache ist so gut wie ein X, das zwischen den Extremen einer physiologischen Drüsentätigkeit und den sublimsten Geistesblitzen schillernd und unbestimmbar schwankt. Ich ziehe es darum vor, dass das Symbol eine unbekannte, schwer erkennbare und in allerletzter Linie nie ganz bestimmbare Größe bezeichne, statt mich einer dogmatischen Überzeugung aufgrund der Illusion, dass durch das bekannte Wort auch eine bekannte Sache gesetzt sei, hinzugeben. Nehmen wir als Beispiel die sogenannten phallischen Symbole, die angeblich nichts anderes als das membrum virile bezeichnen sollen. Von der Psyche aus gesehen ist aber auch das membrum ein Sinnbild, wie Kranefeldt in einer neueren Arbeit[26] ausführt, für einen weiteren schwer bestimmbaren Inhalt; wie es ja auch den Primitiven und den Alten, die mit phallischen Symbolen sehr freigebig verfuhren, niemals eingefallen ist, den Phallus, das rituelle Symbol, mit dem Penis zu verwechseln. Stets bedeutete der Phallus das schöpferische *Mana*, das »Außerordentlich Wirksame«, um mich des Lehmann'schen Ausdrucks zu bedienen, die Medizin- und Fruchtbarkeitskraft, welche äquivalent auch durch den Stier, den Esel, den Granatapfel, das Yoni, den Bock, den Blitz, den Pferdehuf, den Tanz, den magischen Beischlaf auf dem Acker, das menstruum und unendlich viele andere Analogien ausgedrückt wurde – genau wie im Traum. Das allen Analogien, also auch der Sexualität Zugrundeliegende ist ein archetypisches Bild von schwer zu bestimmendem Charakter, dem das primitive Manasymbol psychologisch wohl am nächsten kommt.

All diese Symbole sind relativ feststehend, wobei wir aber in keinem einzelnen konkreten Fall die apriorische Sicherheit hätten, dass praktisch das Symbol auch so gedeutet werden müsste.

Das praktische Erfordernis kann ein ganz anderes sein. Gewiss, hätten wir einen Traum theoretisch, das heißt wissenschaft-

[26] Kranefeldt, *Komplex und Mythos.*

lich erschöpfend zu deuten, so müssten wir solche Symbole auf Archetypen beziehen. In der Praxis aber kann das geradezu ein Fehler sein, denn die momentane psychologische Situation des Patienten erfordert vielleicht alles andere eher als eine Ablenkung auf Traumtheorie. Deshalb ist es ratsam, in praxi vor allem in Betracht zu ziehen, was die zur Bewusstseinslage relative Bedeutung des Symboles ist, das heißt, das Symbol so zu behandeln, wie wenn es nicht feststehend wäre. Mit anderen Worten ausgedrückt, man verzichte auf alles Vorher- und Besserwissen und forsche eher nach, was die Dinge für den Patienten bedeuten. Selbstverständlich bleibt dabei die theoretische Deutung mehr als bloß auf halbem Weg, in der Regel sogar an einem bloßen Anfang stehen. Hantiert der Praktiker aber zu viel mit feststehenden Symbolen, so verfällt er bloßer Routine und einem gefährlichen Dogmatismus, mit dem er des Öfteren am Patienten vorbeigerät. Leider muss ich darauf verzichten, das Gesagte mit einem Beispiel zu illustrieren, denn das Beispiel selbst erforderte eine solche Ausführlichkeit, dass ich mit meiner Zeit nicht auskäme. Überdies habe ich über diese Angelegenheit schon genug Material publiziert.

Sehr häufig ereignet sich schon am Anfang der Behandlung ein Traum, welcher dem Arzt das ganze Programm des Unbewussten auf weite Sicht enthüllt. Diese Einsicht wird dem Arzt durch die Kenntnis der relativ feststehenden Symbole ermöglicht. Aber es ist aus praktischen Gründen noch ganz unmöglich, die tiefere Bedeutung des Traumes dem Patienten klarzumachen. Auch auf dieser Seite beschränkt uns die praktische Rücksicht. Prognostisch und diagnostisch kann eine solche Einsicht von größtem Wert sein. Ich wurde einmal im Fall eines 17-jährigen Mädchens konsultiert. Ein Spezialist hatte die Vermutung ausgesprochen, es könnte sich um einen allerersten Anfang von progressiver Muskelatrophie handeln, ein anderer war der Ansicht, es handle sich um eine Hysterie. Infolge dieser Ansicht wurde ich beigezogen. Körperlich war die Sache verdächtig, jedoch war tatsächlich auch Hysterisches vorhanden. Ich fragte nach Träumen. Sofort antwortete die Patientin: »Ja, ich habe schreckliche Träume. Eben habe ich geträumt, *ich komme nachts nach Hause. Alles ist totenstill. Die Tür zum Salon steht halb offen und ich sehe meine Mutter am Kronleuchter aufgehängt im kalten Wind, der durch die offenen Fenster dringt, schwingen. Und dann träumte ich, dass nachts ein furchtbarer Lärm im Haus losgehe. Ich sehe nach und entdecke, dass ein scheues Pferd in der Wohnung herumrast. Endlich findet es die Türe auf den Korridor und springt nun durch das Korridorfenster aus dem vierten Stock auf die Straße hinunter. Ich sah mit Schrecken, wie es unten zerschmettert liegen blieb.*«

Der nefaste Charakter der Träume allein schon kann einen aufhorchen lassen. Jedoch haben auch andere Leute gelegentlich Angstträume. Wir müssen deshalb etwas näher auf die Bedeutung der beiden Hauptsymbole »Mutter« und »Pferd« eingehen. Es muss sich um Äquivalente handeln, denn beide tun dasselbe. Beide suizidieren sich. »Mutter« ist ein Archetypus, welcher Ursprung, Natur, passiv Erzeugendes (daher Stoff, materia) andeutet, daher auch materielle Natur, Unterleib (Gebärmutter) und vegetative Funktionen, daher auch das Unbewusste, das Natur- und Triebhafte, das Physiologische, den Körper, in dem man wohnt oder enthalten ist; denn »Muttern« ist auch Gefäß, Hohlform (ebenso Unterleib), tragend und nährend und daher auch psychisch die Grundlagen des Bewusstseins ausdrückend. Mit dem Innen- oder Enthaltensein ist das Dunkle, Nächtliche und Ängstliche (Enge) verbunden. Mit diesen Andeutungen gebe ich einen großen Teil der mythologischen und sprachgeschichtlichen Abwandlung des Mutterbegriffes oder einen wesentlichen Teil des Yin-Begriffes der chinesischen Philosophie wieder. Das ist nicht individuelle Erwerbung des 17-jährigen Mädchens, sondern kollektives Erbgut, einerseits in der Sprache noch lebendig vorhanden, anderenteils hereditäre Struktur der Psyche und darum zu allen Zeiten und bei allen Völkern wiederzufinden.

Das so bekannt klingende Wort »Mutter« bezieht sich anscheinend auf die allerbekannteste individuelle Mutter, »meine Mutter«, als Symbol aber auf einen der begrifflichen Formulierung sich hartnäckig widersetzenden Hintergrund, den man nur sehr vage und ahnungsweise als das verborgene, naturhafte, körperliche Leben bezeichnen könnte, was aber schon zu eng ist und zu viele unerlässliche Nebenbedeutungen ausschließt. Die zugrundeliegende psychische Urtatsache ist von unerhörter Komplexität und kann daher nur mit weitester Anschauung und auch dann nur ahnungsweise erfasst werden. Deshalb eben braucht es die Symbole.

Setzen wir den gefundenen Ausdruck in den Traum ein, dann lautet die Deutung: Das unbewusste Leben zerstört sich selbst. Das ist die Botschaft ans Bewusstsein und an jedermann, der Ohren hat zu hören.

»Pferd« ist ein in Mythologie und Folklore weitverbreiteter Archetypus. Als Tier vertritt es die nichtmenschliche Psyche, das Untermenschliche, Animalische, somit das unbewusst Psychische; darum sind Pferde folkloristisch hellsichtig und hellhörig und sprechen bisweilen. Als tragende Tiere haben sie nächste Beziehung zum Mutterarchetypus (Walküren, die den toten Helden nach Walhall tragen, das trojanische Pferd usw.). Als unterhalb des Menschen Befindliches stellen sie den Unterleib und die daraus heraufsteigende Triebwelt dar. Das Pferd ist Dynamis und Vehikel, es trägt einen dahin wie ein Trieb, aber es ist wie die Triebe der Panik unterworfen, weil ihm höhere Bewusstseinsqualität mangelt. Es hat mit Magie, das heißt irrationaler, zauberischer Wirkung zu tun, besonders schwarze (Nacht-)Pferde, die Tod ankündigen.

Das »Pferd« ist dementsprechend ein Äquivalent der »Mutter« mit einer leisen Verschiebung der Bedeutungsnuance von Ursprungsleben auf bloß animalisches, körperliches Leben. Setzen wir diesen Ausdruck in den Traumtext ein, dann lautet die Deutung: Das animalische Leben zerstört sich selbst.

Die Aussagen der beiden Träume sind also beinahe identisch, wobei der zweite, wie es in der Regel der Fall ist, sich mehr spezifisch ausdrückt. Man wird die besondere Feinheit des Traumes bemerkt haben: Er spricht nicht vom Tod des Individuums. Bekanntlich kann man leicht vom eigenen Tod träumen, aber dann ist es nicht ernst. Wenn es wirklich gilt, dann spricht der Traum eine andere Sprache.

Beide Träume also deuten schwere organische Krankheit mit letalem Ausgang an. Diese Prognose bestätigte sich bald.

Was nun die Frage der relativ feststehenden Symbole betrifft, so kann dieses Beispiel eine vage Idee der Natur dieser Symbole geben. Es gibt ihrer unendlich viele, die sich alle durch subtile Verschiebungen der Bedeutungsnuance individuell auszeichnen. Die wissenschaftliche Feststellung ihrer Natur ist nur durch vergleichende mythologische, folkloristische, religions- und sprachgeschichtliche Untersuchungen möglich. Mehr noch nämlich als in unserem Bewusstsein offenbart sich im Traum das entwicklungsgeschichtlich aufgebaute Wesen der Psyche. Im Traum kommen ihre aus primitivster Natur abstammenden Bilder und Triebe zum Wort. Durch die Assimilation unbewusster Inhalte gleichen wir daher das augenblickliche und vom Naturgesetz nur allzu leicht abweichende Bewusstseinsleben diesem wieder an und bringen so den Patienten wieder zu seiner natürlichen Eigengesetzlichkeit.

Ich habe hier nur Elementares vorgebracht. Der Rahmen eines Vortrages erlaubte es nicht, die einzelnen Bausteine zusammenzufügen und damit jenes Gebäude wieder zu errichten, welches in jeder einzelnen Analyse vom Unbewussten aufgebaut und bis zur endgültigen Wiederherstellung der ganzen Persönlichkeit durchgeführt wird. Der Weg der sukzessiven Assimilationen reicht weit über den speziell ärztlich interessanten Heilungserfolg hinaus und führt schließlich zum fernen Ziel, das vielleicht als erste Ursache das Leben veranlasste, nämlich zur völligen Verwirklichung des ganzen Menschen, zur Individuation. Wir Ärzte sind wohl die ersten bewussten Beobachter dieses dunkeln Naturvorganges geworden. Wir sehen aber in der Regel nur den krankhaft gestörten

Teil dieser Entwicklung und verlieren den Patienten aus den Augen, wenn er geheilt ist. Aber erst nach der Heilung wäre die wirkliche Gelegenheit, den normalen Vorgang, der sich über Jahre und Jahrzehnte erstreckt, zu studieren. Hätte man einige Kenntnisse von den Zielen der unbewussten Entwicklungstendenz und schöpfte der Arzt seine psychologische Einsicht nicht gerade aus der krankhaften Störungsphase, so wäre der Eindruck der durch die Träume dem Bewusstsein vermittelten Vorgänge wohl weniger verwirrend und man könnte klarer erkennen, worauf die Symbole in letzter Linie hinzielen. Meines Erachtens sollte jeder Arzt sich der Tatsache bewusst sein, dass jedes psychotherapeutische Verfahren und ganz besonders das analytische in einen zielgerichteten Zusammenhang und Vorgang einbricht, bald an dieser, bald an jener Stelle, und einzelne Phasen desselben aufdeckt, die in ihren jeweiligen Richtungen widersprechend zu sein scheinen. Jede Einzel-Analyse zeigt nur einen Teil oder einen Aspekt des zugrundeliegenden Vorganges, weshalb kasuistische Vergleichungen zunächst nur hoffnungslose Verwirrung stiften. Ich habe mich deshalb auch nicht ungern auf das Elementare und Praktische beschränkt, denn nur in nächster Nähe der tagtäglichen Empirie ist es möglich, zu einem einigermaßen befriedigenden Einverständnis zu kommen.

Der Traum des Nebukadnezar
Speculum humanae salvationis
Codex Palatinus Latinus 413 (Vatikan, 15. Jh.)

Vom Wesen der Träume[27]

Die medizinische Psychologie zeichnet sich vor allen anderen naturwissenschaftlichen Disziplinen dadurch aus, dass sie sich mit den komplexesten Problemen auseinanderzusetzen hat, ohne sich auf gesicherte Versuchsanordnungen, Experimentalserien und logisch fassbare Tatbestände stützen zu können. Im Gegenteil sieht sie sich einer Unzahl beständig wechselnder irrationaler Gegebenheiten gegenübergestellt; ist doch die Seele wohl das undurchsichtigste und unnahbarste Gebilde, mit dem sich wissenschaftliches Denken je beschäftigt hat. Man muss zwar annehmen, dass alle psychischen Erscheinungen irgendwie in einer im weitesten Sinn kausalen Abfolge stehen, obschon es ratsam ist, gerade hier zu berücksichtigen, dass Kausalität in letzter Linie bloß eine statistische Wahrheit ist. Es ist daher vielleicht in gewissen Fällen nicht ganz unangebracht, einer möglicherweise absoluten Irrationalität wenigstens eine Türe offenzulassen, auch wenn man, schon aus heuristischen Gründen, zunächst in allen Fällen die Frage nach der Kausalität aufwirft. Ebenso tut man gut daran, auch innerhalb dieser Fragestellung wenigstens eine der klassischen Begriffsscheidungen, nämlich die der causa efficiens und der causa finalis, in Betracht zu ziehen. Bei psychischen Dingen ist eben die Frage: Warum geschieht es? nicht notwendigerweise ergiebiger als die andere Frage: Wozu geschieht es?

Unter den vielen Problemen der medizinischen Psychologie gibt es ein Sorgenkind, und das ist der Traum. Es wäre nun eine

[27] Ursprünglich erschienen in der Ciba Zeitschrift IX/99 (Basel, Juli 1945). Bearbeitet und erweitert in: *Über psychische Energetik und das Wesen der Träume* (Psychologische Abhandlungen II), Rascher, Zürich 1948; Paperback 1965. In: GW 8, §§ 530–569.

ebenso interessante wie schwierige Aufgabe, den Traum ausschließlich in seinen ärztlichen Aspekten zu behandeln, nämlich in Bezug auf Diagnose und Prognose krankhafter Zustände. Der Traum beschäftigt sich tatsächlich auch mit Gesundheit und Krankheit, und da er vermöge seiner unbewussten Herkunft aus dem Schatz unterschwelliger Wahrnehmungen schöpft, so kann er gelegentlich sehr wissenswerte Dinge produzieren. Dies hat sich mir schon öfters als hilfreich erwiesen in Fällen schwieriger Differentialdiagnosen bei organischen und psychogenen Symptomen. Auch für die Prognose sind gewisse Träume belangreich.[28] Auf diesem Gebiet fehlen aber noch alle nötigen Vorarbeiten wie sorgfältige kasuistische Sammlungen und dergleichen mehr. Es ist eine Aufgabe der Zukunft, dass psychologisch geschulte Ärzte systematisch Träume protokollieren, da man so Gelegenheit hätte, ein Traummaterial zu erhalten, das sich auf den später erfolgenden Ausbruch lebensbedrohender akuter Erkrankungen oder sogar auf den letalen Ausgang bezöge, also auf Ereignisse, die zur Zeit der Protokollaufnahme nicht vorauszusehen waren. Die Erforschung der Träume im Allgemeinen ist an sich schon eine Lebensarbeit. Zur Ausarbeitung im Einzelnen aber bedarf es der Mitarbeit vieler. Ich habe es daher vorgezogen, in dieser kurzen Übersicht die fundamentalen Aspekte der Traumpsychologie und -interpretation so zu behandeln, dass auch der auf diesem Gebiete Unerfahrene sich ein Bild von Fragestellung und Methodik machen kann. Der Kenner dieser Materie wird mir wohl beipflichten, wenn ich die Kenntnis des Grundsätzlichen für wichtiger halte als eine Anhäufung von Kasuistik, welche die mangelnde Erfahrung doch nicht zu ersetzen vermag.

Der Traum ist ein Stück *unwillkürlicher* psychischer Tätigkeit, das gerade so viel Bewusstheit hat, um im Wachzustand reproduzierbar zu sein. Unter den seelischen Erscheinungen bietet der

---

[28] Vgl. meinen Aufsatz *Die praktische Verwendbarkeit der Traumanalyse* [in diesem Band S. 77–104].

Traum vielleicht am meisten »irrationale« Gegebenheiten. Er scheint ein Minimum von jener logischen Verknüpftheit und Hierarchie der Werte mitbekommen zu haben, die die sonstigen Bewusstseinsinhalte aufweisen, und ist darum weniger durchschaubar und fassbar. Logisch, moralisch und ästhetisch befriedigend kombinierte Träume gehören ja zu den Ausnahmen. In der Regel ist der Traum ein sonderbares und fremdartiges Gebilde, das sich durch viele »schlechte Eigenschaften« wie Mangel an Logik, zweifelhafte Moral, unschöne Gestaltung und offensichtliche Widersinnigkeit oder Sinnlosigkeit auszeichnet. Man tut ihn deshalb gerne als dumm, sinn- und wertlos ab.

Jede Deutung eines Traumes ist eine psychologische Aussage über gewisse seelische Inhalte des Traumes. Sie ist daher nicht ungefährlich, da der Träumer in der Regel wie die meisten Menschen eine oft erstaunliche Empfindlichkeit zeigt, nicht nur für unrichtige, sondern vor allem auch für richtige Bemerkungen. Da es nur unter ganz besonderen Voraussetzungen möglich ist, einen Traum ohne die Mitbeteiligung des Träumers zu bearbeiten, so bedarf es meist einer ungewöhnlichen Anstrengung, taktvoll zu sein, wenn man nicht unnötig ein fremdes Selbstgefühl verletzen will. Was soll man zum Beispiel sagen, wenn ein Patient eine Reihe wenig dezenter Träume erzählt und daran die Frage knüpft: »Warum soll *ich* gerade solche ekelhaften Träume haben?« Auf eine derartige Frage gibt man besser keine Antwort, denn sie ist aus mehreren Gründen schwierig zu beantworten, namentlich für den Anfänger, und allzu leicht sagt man unter solchen Umständen etwas Ungeschicktes, und zwar gerade dann, wenn man die Frage beantworten zu können vermeint. Das Verstehen der Träume ist nämlich eine so schwierige Sache, dass ich es mir schon längst zur Regel gemacht habe, wenn mir jemand einen Traum erzählt und nach meiner Meinung fragt, vor allem einmal zu mir selbst zu sagen: »Ich habe keine Ahnung, was dieser Traum bedeutet.« Nach dieser Feststellung kann ich dann darangehen, den Traum zu untersuchen.

Hier wird sich der Leser allerdings die Frage vorlegen: Lohnt es sich überhaupt, im einzelnen Fall dem Sinn eines Traumes nachzuforschen, vorausgesetzt, dass Träume überhaupt einen Sinn haben und dass dieser sich im Allgemeinen nachweisen lässt.

Dass zum Beispiel ein Tier ein Vertebrat ist, kann leicht damit bewiesen werden, dass man die Wirbelsäule bloßlegt. Wie aber muss man vorgehen, wenn man eine innere, sinnvolle Struktur des Traumes »bloßlegen« soll? Es gibt anscheinend zunächst keine eindeutigen Formgesetze und überhaupt keine regelmäßigen Verhaltensweisen des Traumes, abgesehen von den allbekannten »typischen« Träumen wie zum Beispiel dem Albtraum oder »Schrätteli«. Angstträume sind zwar nicht selten, bilden aber keineswegs die Regel. Daneben gibt es *typische* Traummotive, die auch dem Laien bekannt sind, wie zum Beispiel das Fliegen, das Treppen- oder Bergsteigen, das Herumgehen mit ungenügender Bekleidung, das Zahnausfallen, die Volksmenge, das Hotel, den Bahnhof, die Eisenbahn, das Flugzeug, das Automobil, die beängstigenden Tiere (Schlangen) usw. Diese Motive sind recht häufig, genügen aber keineswegs, um auf eine Gesetzmäßigkeit im Gefüge des Traumes schließen zu können.

Es gibt Menschen, die von Zeit zu Zeit immer wieder denselben Traum haben. Namentlich kommt dies in jugendlichem Alter vor; gelegentlich aber erstreckt sich eine solche Wiederholung auch über mehrere Jahrzehnte. Dabei handelt es sich nicht selten um sehr eindrucksvolle Träume, wo man unbedingt das Gefühl hat, dass sie »doch etwas heißen müssen«. Dieses Gefühl besitzt insofern seine Berechtigung, als man auch bei größter Vorsicht nicht um die Annahme herumkommt, dass von Zeit zu Zeit eine bestimmte psychische Situation eintritt, die den Traum veranlasst. Eine »psychische Situation« ist aber etwas, das, wenn es formuliert werden kann, identisch ist mit einem bestimmten *Sinn* – dies allerdings nur, wenn man sich nicht auf die durchaus unbewiesene Hypothese versteift, dass alle Träume auf Magenverstimmungen, Rückenlage des Schläfers und dergleichen mehr zurückzuführen seien. Solche Träume legen es einem in der Tat nahe, einen gewissen kausalen Sinngehalt wenigstens zu vermuten. Dasselbe gilt von den sogenannten typischen Motiven, die sich viele Male in längeren Traumserien wiederholen. Auch hier kann man sich schwer des Eindruckes erwehren, dass »damit etwas gemeint« sei.

Aber wie gelangen wir zu einem plausiblen Sinn, und wie können wir dann die Richtigkeit der Auslegung bestätigen? Eine erste, allerdings nicht wissenschaftliche Methode bestände darin, dass man anhand eines Traumbuches zukünftige Ereignisse aus den Träumen prophezeien und durch ihr späteres Eintreten die Deutung verifizieren könnte, vorausgesetzt, dass der Sinn der Träume darin läge, dass sie die Zukunft vorausnehmen.

Eine andere Möglichkeit, den Sinn eines Traumes direkt nachzuweisen, bestände vielleicht darin, dass man, auf die Vergangenheit zurückschließend, aus dem Auftreten bestimmter Motive frühere Erlebnisse rekonstruierte. Obschon dies in beschränktem Maß möglich ist, so hätte es aber nur dann einen entscheidenden Wert, wenn man damit etwas erkennen könnte, was tatsächlich stattgefunden hat, dem Träumer aber unbewusst geblieben ist, oder allenfalls etwas, was er unter keinen Umständen preisgeben möchte. Ist beides nicht der Fall, so handelt es sich um ein bloßes Erinnerungsbild, dessen Auftreten im Traum erstens von niemand bestritten wird und zweitens in Hinsicht auf eine sinnvolle Traumfunktion äußerst belanglos ist, insofern als der Träumer ebenso gut bewusst darüber hätte Auskunft geben können. Leider sind damit die Möglichkeiten eines direkten Sinnnachweises erschöpft.

Es ist das große Verdienst Freuds, der Traumforschung auf die Spur verholfen zu haben.[29] Er hat vor allem erkannt, dass wir ohne den Träumer keine Deutung vornehmen können. Die Wörter, die einen Traumbericht zusammensetzen, haben eben nicht bloß *einen* Sinn, sondern sind vieldeutig. Träumt zum Beispiel jemand von einem Tisch, so weiß man noch lange nicht, was der

---

[29] Vgl. Freud, *Die Traumdeutung.*

»Tisch« des Träumers bedeutet, obwohl das Wort Tisch unzweideutig genug zu sein scheint. Wir wissen nämlich eines nicht, und zwar, dass dieser Tisch gerade jener Tisch ist, an dem sein Vater saß, als er dem Träumer jegliche weitere finanzielle Hilfe versagte und ihn als Taugenichts aus dem Haus warf. Die blanke Oberfläche dieses Tisches starrte ihm als Symbol seiner katastrophalen Untauglichkeit im Bewusstsein des Tages sowohl wie im Traum der Nacht entgegen. Das ist, was unser Träumer unter »Tisch« versteht. Darum brauchen wir die Hilfe des Träumers, um die Vielfalt der Wortbedeutungen auf das Wesentliche und Überzeugende einzuschränken. Dass der Tisch einen peinlichen Hauptpunkt im Leben des Träumers bezeichnet, daran kann jeder zweifeln, der nicht dabei war. Der Träumer aber zweifelt nicht daran, auch ich nicht. Es ist klar, dass die Traumdeutung in allererster Linie ein Erlebnis ist, das zunächst nur für zwei Personen einwandfrei feststeht.

Wenn wir also zur Feststellung gelangen, dass der Tisch im Traum eben jenen fatalen Tisch mit allem, was daran hängt, bedeutet, dann haben wir zwar nicht den Traum, aber wenigstens dieses einzelne Motiv in der Hauptsache gedeutet, das heißt wir erkannten, in was für einem subjektiven Kontext das Wort Tisch steht.

Wir kamen zu diesem Ergebnis durch die methodische Befragung der Einfälle des Träumers. Die weiteren Prozeduren, denen Freud die Trauminhalte unterzieht, muss ich allerdings ablehnen, denn sie stehen zu sehr unter der vorgefassten Meinung, dass die Träume Erfüllungen »verdrängter Wünsche« seien. Obschon es auch solche Träume gibt, so ist das noch lange kein Beweis dafür, dass alle Träume Wunscherfüllungen sind, so wenig alle Gedanken des bewussten Seelenlebens Wunscherfüllungen sind. Es besteht gar kein Grund zur Annahme, dass die dem Traum zugrundeliegenden unbewussten Vorgänge in Form und Inhalt beschränkter oder eindeutiger seien als die Bewusstseinsvorgänge. Man könnte eher von den Letztgenannten vermuten, dass sie sich auf bekannte Typen einschränken lassen, indem sie meist die Regelmäßigkeit oder gar Monotonie der bewussten Lebensführung abbilden.

Um den Sinn des Traumes festzustellen, habe ich aufgrund der oben erläuterten Erkenntnis ein Verfahren ausgebildet, das ich als das *Aufnehmen des Kontextes* bezeichne und das darin besteht, dass bei jeder hervorstechenden Einzelheit des Traumes durch die *Einfälle des Träumers* festgestellt wird, in welcher Bedeutungsnuance sie ihm erscheint. Ich verfahre also nicht anders als bei der Dechiffrierung eines schwer lesbaren Textes. Diese Methode ergibt als Resultat durchaus nicht immer einen unmittelbar verständlichen Text, sondern zunächst oft nur einen als bedeutsam erscheinenden Hinweis auf zahlreiche Möglichkeiten. Ich behandelte einmal einen jüngeren Mann, der mir in der Anamnese angab, glücklich verlobt zu sein, und zwar mit einem Mädchen aus »guter« Familie. In seinen Träumen trat ihre Gestalt öfters in sehr unvorteilhafter Weise auf. Der Kontext ergab, dass das Unbewusste des Träumers allerlei Skandalgeschichten aus ganz anderer Quelle mit der Gestalt seiner Braut kombinierte, was ihm durchaus unbegreiflich war und mir natürlich ebenfalls. Aus der ständigen Wiederholung solcher Kombinationen musste ich aber schließen, dass trotz seinem bewussten Widerstand eine unbewusste Tendenz vorlag, seine Braut in solch zweideutigem Licht erscheinen zu lassen. Er sagte mir, wenn so etwas wahr wäre, so würde ihm das so viel wie eine Katastrophe bedeuten. Seine akute Neurose hatte einige Zeit nach der Verlobungsfeier eingesetzt. Trotz der Undenkbarkeit schien mir die Verdächtigung seiner Braut ein Punkt von so kapitaler Wichtigkeit zu sein, dass ich ihm anriet, Nachforschungen anzustellen. Diese erwiesen nun den Verdacht als gerechtfertigt, und der »Schock« der unerfreulichen Entdeckung erschlug den Patienten nicht, sondern kurierte ihn von seiner Neurose und damit auch von seiner Braut. Obgleich also die Aufnahme des Kontextes eine sogenannte »Undenkbarkeit« und damit eine anscheinend widersinnige Deutung der Träume ergab, so erwies sie sich dennoch im Licht der später entdeckten Tatsachen als richtig. Dieser Fall ist von exemplarischer Einfachheit. Es ist überflüssig zu betonen, dass die wenigsten Träume eine so einfache Lösung finden.

Das Aufnehmen des Kontextes ist allerdings eine einfache, beinahe mechanische Arbeit, die nur vorbereitende Bedeutung hat. Die darauffolgende Herstellung eines lesbaren Textes, nämlich die eigentliche Interpretation des Traumes, ist dagegen in der Regel eine anspruchsvolle Aufgabe. Sie setzt psychologische Einfühlung, Kombinationsfähigkeit, Intuition, Welt- und Menschenkenntnis und vor allem ein spezifisches Wissen voraus, bei dem es ebenso sehr auf ausgedehnte Kenntnisse wie auf eine gewisse »intelligence du cœur« ankommt. Alle diese Voraussetzungen, sogar die Letztgenannte inbegriffen, gelten für die Kunst der ärztlichen Diagnostik überhaupt. Es bedarf durchaus nicht eines sechsten Sinnes, um Träume verstehen zu können. Aber es braucht mehr als geistlose Schemata, wie sie sich in vulgären Traumbüchlein finden oder sich fast stets unter dem Einfluss vorgefasster Meinungen entwickeln. Die stereotype Auslegung von Traummotiven ist abzulehnen; gerechtfertigt sind nur spezifische, durch sorgfältige Kontextaufnahmen eruierbare Bedeutungen. Auch wenn man eine große Erfahrung auf diesem Gebiet besitzt, so ist man doch immer wieder genötigt, vor jedem Traum sein Nichtwissen sich einzugestehen und, auf alle vorgefassten Meinungen verzichtend, sich auf etwas gänzlich Unerwartetes einzustellen.

So sehr die Träume auf ein bestimmt geartetes Bewusstsein und auf eine bestimmte seelische Situation sich beziehen, so tief liegen ihre Wurzeln in dem unerkennbar dunkeln Hintergrund des Bewusstseinsphänomens. Wir nennen diesen Hintergrund aus Ermangelung eines bezeichnenderen Ausdrucks das *Unbewusste*. Wir kennen sein Wesen an und für sich nicht, sondern beobachten nur gewisse Auswirkungen, aus deren Beschaffenheit wir gewisse Rückschlüsse auf die Natur der unbewussten Psyche wagen. Weil der Traum eine ungemein häufige und normale Äußerung der unbewussten Psyche ist, liefert er das meiste Erfahrungsmaterial zur Erforschung des Unbewussten.

Da nun der Sinn der meisten Träume nicht mit den Tendenzen des Bewusstseins zusammenfällt, sondern eigentümliche Abweichungen aufweist, müssen wir annehmen, dass das Unbewusste, die Matrix der Träume, eine selbstständige Funktion hat. Ich bezeichne dies als *Autonomie des Unbewussten*. Der Traum gehorcht nicht nur nicht unserem Willen, sondern stellt sich sogar recht häufig in grellen Gegensatz zu den Absichten des Bewusstseins. Der Gegensatz ist aber nicht immer so ausgeprägt; zuweilen kann der Traum auch nur in geringem Maß von der bewussten Einstellung oder Tendenz abweichen und Modifikationen anbringen; ja, er kann sogar gelegentlich mit Inhalt und Tendenz des Bewusstseins koinzidieren. Um dieses Verhalten zu formulieren, bot sich mir als einzig möglicher Begriff der der *Kompensation* an, welcher allein imstande ist, wie mir scheint, alle Verhaltensweisen des Traumes sinnvoll zusammenzufassen. Die Kompensation muss von der *Komplementierung* streng unterschieden werden. Das Komplement ist ein zu beschränkter und beschränkender Begriff, der nicht genügt, um die Traumfunktion passend zu erklären, da er ein sozusagen zwangsläufiges Ergänzungsverhältnis bezeichnet.[30] Die Kompensation dagegen ist, wie der Terminus besagt, eine Gegeneinanderhaltung und Vergleichung verschiedener Daten oder Standpunkte, wodurch ein Ausgleich oder eine Berichtigung entsteht.

In dieser Hinsicht gibt es drei Möglichkeiten. Wenn die Einstellung des Bewusstseins zur Lebenssituation in hohem Maß einseitig ist, stellt sich der Traum auf die Gegenseite. Hat das Bewusstsein eine der »Mitte« relativ angenäherte Stellung, so begnügt sich der Traum mit Varianten. Ist die Stellung des Be-

---

30 Damit soll das Prinzip der Komplementarität nicht in Abrede gestellt sein. Der Begriff der Kompensation bedeutet nur eine psychologische Verfeinerung derselben.

wusstseins aber »korrekt« (adäquat), so koinzidiert der Traum und unterstreicht damit dessen Tendenz, ohne jedoch dabei seine ihm eigentümliche Autonomie zu verlieren. Da man indessen nie mit Sicherheit weiß, wie die Bewusstseinssituation eines Patienten zu bewerten ist, so ist dadurch eine Traumdeutung ohne Befragung des Träumers von vornherein ausgeschlossen. Aber auch wenn wir die bewusste Situation kennen, so wissen wir damit noch nichts über die Haltung des Unbewussten. Da das Unbewusste nicht nur die Matrix der Träume, sondern auch die der psychogenen Symptome ist, kommt der Frage nach der Haltung des Unbewussten eine besondere praktische Wichtigkeit zu. Unbekümmert darum, ob ich und andere mit mir meine bewusste Einstellung als richtig empfinden, kann das Unbewusste sozusagen »anderer Meinung sein«. Dies ist – und namentlich im Fall einer Neurose – insofern nicht gleichgültig, als es das Unbewusste durchaus in der Hand hat, allerlei unliebsame Störungen durch oft folgenschwere Fehlhandlungen zu verursachen oder neurotische Symptome zu erzeugen. Solche Störungen beruhen auf einer Nichtübereinstimmung von »bewusst« und »unbewusst«. »Normalerweise« sollte wohl eine solche Übereinstimmung vorhanden sein. Tatsache ist aber, dass sie sehr häufig nicht besteht, und dies ist der Grund zu einer unabsehbaren Vielzahl psychogener Unzuträglichkeiten von schweren Unglücksfällen und Krankheit bis zum harmlosen lapsus linguae. Auf diese Beziehungen hingewiesen zu haben, ist das Verdienst von Freud.[31]

Obschon in der weitaus überwiegenden Mehrzahl der Fälle die Kompensation auf die Herstellung eines normalen seelischen Gleichgewichtes abzielt und sich damit als eine Art Selbststeuerung des psychischen Systems erweist, so darf man sich mit dieser Erkenntnis doch nicht begnügen, denn unter gewissen Bedingungen und in gewissen Fällen (zum Beispiel bei latenten Psychosen)

[31] Vgl. Freud, *Zur Psychopathologie des Alltagslebens.*

führt die Kompensation zu einem fatalen Ausgang (Überwiegen destruktiver Tendenzen!), zum Beispiel zu Selbstmord oder sonstigen abnormen Handlungen, die eben im Lebensplan gewisser belasteter Individuen »vorgemerkt« sind.

In der Neurosenbehandlung stellt sich die Aufgabe, den Einklang zwischen »bewusst« und »unbewusst« wieder annähernd herzustellen. Dies kann bekanntlich auf vielerlei Weise geschehen, angefangen mit »natürlicher Lebensweise«, Vernunfteinreden, Willensstärkung bis zur »Analyse des Unbewussten«.

Weil die einfacheren Methoden so oft versagen und der Arzt dann nicht mehr weiß, wie er den Patienten weiter behandeln soll, bietet die kompensatorische Funktion der Träume eine willkommene Hilfe. Nicht, dass etwa die Träume moderner Menschen unmittelbar die passenden Heilmittel angäben, wie dies von den Inkubationsträumen berichtet wird, die in den Asklepiostempeln geträumt wurden[32]; sie beleuchten aber die Situation des Patienten in einer Art und Weise, die überaus gesundheitsfördernd sein kann. Sie bringen Erinnerungen, Einsichten, Erlebnisse, sie wecken Schlafendes in der Persönlichkeit und decken Unbewusstes in den Beziehungen auf, sodass selten einer, der es sich nicht verdrießen ließ, seine Träume während längerer Zeit mit berufenem Beistand zu verarbeiten, ohne Bereicherung und Erweiterung seines Horizontes geblieben ist. Gerade vermöge des kompensatorischen Verhaltens erschließt die konsequent durchgeführte Analyse der Träume neue Gesichtspunkte und öffnet neue Wege, die über den gefürchteten Stillstand hinweghelfen.

Mit dem Begriff der Kompensation ist allerdings nur eine ganz allgemeine Charakterisierung der Traumfunktion gegeben. Wenn man, wie dies in längeren und schwierigen Behandlungen der Fall ist, über viele Hunderte sich erstreckende Serien von Träumen vor die Augen bekommt, dann drängt sich dem Beobachter allmählich ein Phänomen auf, das beim einzelnen Traum hinter der

---

[32] Vgl. Meier, *Antike Inkubation und moderne Psychotherapie*.

jeweiligen Kompensation verborgen ist. Es ist dies eine Art von Entwicklungsvorgang in der Persönlichkeit. Zunächst erscheinen einem die Kompensationen als jeweilige Ausgleichungen von Einseitigkeiten oder Ausbalancierungen gestörter Gleichgewichtslagen. Bei tieferer Einsicht und Erfahrung dagegen ordnen sich diese anscheinend einmaligen Kompensationsakte einer Art von Plan ein. Sie scheinen unter sich zusammenzuhängen und in tieferem Sinn einem gemeinsamen Ziel untergeordnet zu sein, sodass eine lange Traumserie nicht mehr als ein sinnloses Aneinanderreihen inkohärenter und einmaliger Geschehnisse erscheint, sondern als ein wie in planvollen Stufen verlaufener Entwicklungs- oder Ordnungsprozess. Ich habe diesen in der Symbolik langer Traumserien sich spontan ausdrückenden unbewussten Vorgang als *Individuationsprozess* bezeichnet.

Mehr als irgendwo sonst in der darstellenden Behandlung der Traumpsychologie wären hier erläuternde Beispiele am Platz. Dies ist aber leider aus technischen Gründen ganz unmöglich. Deshalb sei auf mein Buch *»Psychologie und Alchemie«* hingewiesen, das unter anderem eine Untersuchung über die Struktur von Traumserien mit besonderer Berücksichtigung des Individuationsprozesses enthält.

Die Frage, ob lange Traumserien, aufgenommen außerhalb der analytischen Prozedur, ebenfalls einen auf die Individuation hindeutenden Entwicklungsgang erkennen lassen, ist aus Mangel an entsprechenden Untersuchungen noch ganz ungeklärt. Die analytische Prozedur bedeutet, namentlich wenn sie die systematische Traumanalyse einschließt, einen »process of quickened maturation«, wie Stanley Hall einmal treffend bemerkte. Es wäre daher möglich, dass die Motive, welche den Individuationsvorgang begleiten, hauptsächlich und in erster Linie nur in Traumserien, die innerhalb der analytischen Prozedur aufgenommen werden, in Erscheinung treten, während sie in »außeranalytischen« Traumserien vielleicht nur in bedeutend größerer zeitlicher Distanzierung vorkommen.

Ich habe oben erwähnt, dass die Traumdeutung nebst anderem auch ein spezifisches Wissen erfordere. Während ich es einem intelligenten Laien mit einigen psychologischen Kenntnissen, einer gewissen Lebenserfahrung und Übung durchaus zutraue, die Traumkompensation praktisch richtig diagnostizieren zu können, halte ich es für ausgeschlossen, dass jemand ohne Kenntnisse auf mythologischem und folkloristischem Gebiet, ohne ein Wissen um die Psychologie der Primitiven und um die vergleichende Religionswissenschaft das Wesen des Individuationsprozesses versteht, der nach allem, was wir wissen, der psychologischen Kompensation zugrunde liegt.

Nicht alle Träume sind von gleicher Wichtigkeit. Schon die Primitiven unterscheiden »kleine« und »große« Träume. Wir würden etwa sagen »unbedeutende« und »bedeutende« Träume. Genauer besehen sind die »kleinen« Träume die allnächtlichen Fantasiefragmente, die der subjektiven und persönlichen Sphäre entstammen und sich hinsichtlich ihrer Bedeutung in der Alltäglichkeit erschöpfen. Deshalb werden solche Träume auch leicht vergessen, weil eben ihre Gültigkeit nicht weiter reicht als die täglichen Schwankungen des seelischen Gleichgewichts. Bedeutungsvolle Träume dagegen werden oft ein Leben lang im Gedächtnis bewahrt, und nicht selten bilden sie das Kernstück in der Schatzkammer seelischer Erlebnisse. Wie viele Menschen habe ich angetroffen, die es bei der ersten Begegnung nicht lassen konnten zu sagen: »Ich habe einmal einen Traum gehabt!« Gelegentlich war es der erste Traum, an den sie sich überhaupt erinnern konnten und der zwischen dem dritten und fünften Lebensjahr zustande kam. Ich habe viele solcher Träume untersucht und fand an ihnen häufig eine Besonderheit, die sie vor anderen Träumen auszeichnet. Es kommen in ihnen nämlich symbolische Gebilde vor, denen wir auch in der Geschichte des menschlichen Geistes begegnen. Bemerkenswert ist, dass der Träumer von der Existenz solcher Parallelen keine Ahnung zu haben braucht. Diese Besonderheit gilt für die Träume des Individuationsprozesses. Es sind in ihnen sogenannte mythologische Motive beziehungsweise Mythologeme enthalten, die ich als *Archetypen* bezeichnet habe. Darunter sind spezifische Formen und bildmäßige Zusammenhänge zu verstehen, die sich in übereinstimmender Form nicht nur in allen Zeiten und Zonen, sondern auch in den individuellen Träumen, Fantasien, Visionen und Wahnideen finden. Ihr häufiges Vorkommen in individuellen Fällen sowohl wie ihre ethnische Ubiquität beweisen, dass die menschliche Seele nur zu einem Teil einmalig und subjektiv oder persönlich ist, zum anderen aber kollektiv und objektiv.[33]

Wir sprechen daher einerseits von einem *persönlichen*, andererseits von einem *kollektiven* Unbewussten, das gleichsam eine tiefere Schicht als das bewusstseinsnähere persönliche Unbewusste darstellt. Die »großen« beziehungsweise bedeutungsvollen Träume entstammen dieser tieferen Schicht. Ihre Bedeutsamkeit verrät sich, abgesehen vom subjektiven Eindruck, schon durch ihre plastische Gestaltung, die nicht selten dichterische Kraft und Schönheit zeigt. Solche Träume ereignen sich meist in schicksalsentscheidenden Abschnitten des Lebens, so in der ersten Jugend, in der Pubertätszeit, um die Lebensmitte (sechsunddreißigstes bis vierzigstes Jahr) und in conspectu mortis. Ihre Deutung ist oft mit beträchtlichen Schwierigkeiten verknüpft, weil das Material, das der Träumer beitragen kann, zu spärlich ist. Es handelt sich eben bei den archetypischen Gebilden nicht mehr um persönliche Erfahrungen, sondern gewissermaßen um allgemeine Ideen, deren Hauptbedeutung in dem ihnen eigentümlichen Sinn und nicht in irgendwelchen persönlichen Erlebniszusammenhängen besteht. Ein junger Mann träumte zum Beispiel v*on einer großen Schlange, die in einem unterirdischen Gewölbe eine goldene Schale bewachte.* Er hatte zwar einmal eine Riesenschlange in einem zoologischen Garten gesehen, aber sonst vermochte er gar nichts anzuführen, was ihm zu einem solchen Traum hätte Anlass geben können,

[33] Vgl. meine Schrift *Über die Psychologie des Unbewussten.*

außer die Erinnerung an märchenhafte Erzählungen. Nach diesem unbefriedigenden Kontext zu schließen, hätte der Traum, der sich aber gerade durch stärkste Affekte auszeichnete, eine durchaus gleichgültige Bedeutung. Damit wäre aber dessen ausgesprochene Emotionalität nicht erklärt. In einem solchen Fall müssen wir auf das Mythologem zurückgreifen, wo Schlange oder Drache, Hort und Höhle eine der Bewährungsproben des Heldenlebens darstellen. Dann wird es klar, dass es sich um eine kollektive Emotion handelt, das heißt um eine typische, affektvolle Situation, die nicht in erster Linie ein persönliches Erlebnis ist, sondern erst sekundär zu einem solchen wird. Primär handelt es sich um ein allgemein menschliches Problem, das subjektiv übersehen wurde und das sich deshalb objektiv zum Bewusstsein durchdrängt.[34]

Ein Mann in der Lebensmitte fühlt sich noch jung, und Alter und Tod liegen ihm fern. Etwa mit sechsunddreißig Jahren überschreitet er aber den Zenit des Lebens, ohne sich der Bedeutung dieser Tatsache bewusst zu sein. Ist er nun ein Mensch, der nach seiner ganzen Veranlagung und Begabung ein allzu großes Unbewusstsein nicht erträgt, so wird ihm die Erkenntnis dieses Momentes vielleicht in Form eines archetypischen Traumes aufgedrängt. Vergeblich wird er sich mithilfe eines sorgfältig aufgenommenen Kontextes bemühen, den Traum zu verstehen, denn dieser drückt sich in fremdartigen mythologischen Formen aus, die dem Träumer nicht geläufig sind. Der Traum benützt kollektive Figuren, weil er ein ewiges, unendlich sich wiederholendes menschliches Problem und nicht eine persönliche Gleichgewichtsstörung auszudrücken hat.

Alle jene Augenblicke des individuellen Lebens, wo die allgemeingültigen Gesetze menschlichen Schicksals die Absichten, Er-

---

[34] Vgl. die von Karl Kerényi und mir herausgegebene Abhandlung *Einführung in das Wesen der Mythologie*, I/B [*Zur Psychologie des Kindarchetypus*].

wartungen und Anschauungen des persönlichen Bewusstseins durchbrechen, sind zugleich Stationen des Individuationsprozesses. Dieser Vorgang ist nämlich die spontane *Verwirklichung des ganzen Menschen.* Der ichbewusste Mensch bedeutet nur einen Teil des lebenden Ganzen, und sein Leben stellt noch keine Verwirklichung des Ganzen dar. Je mehr er bloßes Ich ist, desto mehr spaltet er sich vom kollektiven Menschen, der er auch ist, ab und gerät sogar in einen Gegensatz zu diesem. Da aber alles Lebende nach seiner Ganzheit strebt, so findet gegenüber der unvermeidlichen Einseitigkeit des Bewusstseinslebens eine beständige Korrektur und Kompensation vonseiten des allgemein menschlichen Wesens in uns statt, mit dem Ziel einer schließlichen Integration des Unbewussten im Bewusstsein oder besser, einer Assimilation des Ich an eine umfangreichere Persönlichkeit.

Solche Überlegungen werden unvermeidlich, wenn man dem Sinn der »großen« Träume gerecht werden will. Sie verwenden nämlich zahlreiche Mythologeme, die das Leben des Heros, das heißt jenes größeren Menschen halbgöttlicher Natur, charakterisieren. Hier gibt es gefährliche Abenteuer und Bewährungsproben, wie sie in Initiationen vorkommen. Es gibt Drachen, hilfreiche Tiere und Dämonen. Wir begegnen dem alten Weisen, dem Tiermenschen, dem verborgenen Schatz, dem Wunschbaum, dem Brunnen, der Höhle, dem ummauerten Garten, den Wandlungsprozessen und Substanzen der Alchemie usw., lauter Dingen, die sich nirgends mit den Banalitäten des Alltags berühren. Der Grund hierfür ist, dass es sich um die Verwirklichung eines Persönlichkeitsteiles handelt, der noch nicht war, sondern erst im Begriff ist zu werden.

Die Art und Weise, wie solche Mythologeme sich gegenseitig verdichtend und modifizierend im Traum auftreten, schildert die Abbildung (siehe S. 106) von Nebukadnezars Traum.[35] Obschon das Bild anscheinend nichts anderes zu sein vorgibt als eine Dar-

[35] *Daniel* 4,7 ff.

stellung jenes Traumes, so ist es vom darstellenden Künstler doch wie nochmals geträumt, was sofort ersichtlich wird, wenn man die Einzelheiten desselben genauer untersucht. Der Baum wächst (in unhistorischer Weise) aus dem Nabel des Königs: Er ist also jener Stammbaum der Ahnen Christi, der aus dem Nabel Adams, des Stammvaters, wächst.[36] Daher trägt er in der Krone den Pelikan, der mit seinem Blut die Jungen nährt, jene bekannte »allegoria Christi«. Außerdem bildet der Pelikan jene Quincunx mit dem Tetramorphos, den vier Vögeln, welche anstelle der vier Evangelistensymbole stehen. Dieselbe Quincunx findet sich auch unten, der Hirsch als Symbol Christi[37] und die vier erwartungsvoll nach oben blickenden Tiere. Diese beiden Quaternitäten haben allernächste Beziehung zu alchemistischen Vorstellungen: oben die volatilia, unten die terrena, Erstere (wie gewöhnlich) als Vögel, Letztere als quadrupeda dargestellt. Es hat sich also in die Darstellung des Traumbildes nicht nur die christliche Vorstellung des Stammbaumes und der Evangelistenquaternität, sondern auch der (alchemistische) Gedanke der doppelten Quaternität (»supe-

---

36 Der Baum ist zugleich ein alchemistisches Symbol. Vgl. Jung, *Psychologie und Alchemie* (§ 499) und a. a. O.

37 Der Hirsch ist eine allegoria Christi, weil die Legende ihm die Fähigkeit der Selbsterneuerung zuschreibt. So schreibt Honorius von Autun in seinem *Speculum Ecclesiae* (col. 847): »Fertur qod cervus, postquam serpentem deglutiverit, ad aquam currat, ut per haustum aquae venenum ejiciat; et tunc cornuam et pilos excutiat et sic denuo nova recipiat.« (Es heißt, dass der Hirsch, nachdem er eine Schlange verschlungen habe, zur Quelle eilte, um dort durch einen Schluck Wasser das Gift herausspeien zu können und dann das Geweih und die Haare abzuwerfen und neue zu empfangen.) Im *Saint-Graal* (hg. von Hucher, III, S. 219 und 224) wird erzählt, dass Christus den Jüngern bisweilen als weißer Hirsch mit vier Löwen (= Evangelisten) erscheine. In der Alchemie wird Mercurius als Hirsch allegorisiert (Manget, *Bibliotheca chemica*, II, tab. IX, fig. XIII, und a. a. O.), weil der Hirsch sich selbst erneuern kann: »Le sos du cuer du serf vault moult pour conforter le cuer humain.« (Delatte, *Textes latins et vieus français relatifs aux Cyranides*, S. 346)

rius est sicut quod inferius«[38]) eingedrängt. Diese Kontamination schildert in höchst anschaulicher Weise, wie die individuellen Träume mit den Archetypen verfahren. Letztere werden nicht nur unter sich (wie hier), sondern auch mit einmaligen individuellen Elementen verdichtet, verwoben und vermischt.[39]

Wenn aber die Träume so wesentliche Kompensationen hervorbringen, warum sind sie dann nicht verständlich? Diese Frage wurde mir oft gestellt. Darauf muss man antworten, dass der Traum ein Naturereignis ist und dass die Natur keinerlei Neigung bekundet, ihre Früchte gewissermaßen gratis und der menschlichen Erwartung entsprechend zur Verfügung zu stellen. Man wendet oft ein, dass die Kompensation ja unwirksam sei, wenn der Traum nicht verstanden wird. Das ist aber nicht so sicher, da ja vieles wirkt, ohne dass es verstanden wird. Zweifellos aber können wir durch das Verstehen die Wirkung beträchtlich steigern, was oft notwendig ist, weil das Unbewusste überhört werden kann. »Quod natura relinquit imperfectum, ars perficit!« (Was die Natur unvollendet ließ, vollendet die Kunst!) lautet ein alchemistischer Ausspruch.

Was nun endlich die Gestalt der Träume anbetrifft, so findet sich schlechterdings alles, vom blitzartigen Eindruck bis zum unendlich langen Traumgespinst. Immerhin gibt es eine große Mehrzahl »durchschnittlicher« Träume, in denen sich eine gewisse Struktur erkennen lässt; und zwar ist sie derjenigen des *Dramas* nicht unähnlich. Der Traum beginnt zum Beispiel mit einer *Ortsangabe*, wie: »Ich bin auf einer Straße, es ist eine Allee« (1); oder »Ich bin in einem großen Gebäude, wie ein Hotel« (2) usw. Dazu kommt häufig eine Angabe über die *handelnden Personen*, zum Beispiel: »Ich gehe mit meinem Freund X spazieren in einer städtischen Anlage. Bei einer Wegkreuzung stoßen wir plötzlich auf

---

38 [Das Obere ist gleich dem Unteren.]

39 Bezüglich der hier verwendeten alchemistischen Begriffe siehe Jung, *Psychologie und Alchemie*.

Frau Y« (3); oder: »Ich sitze mit Vater und Mutter in einem Eisenbahncoupé« (4); oder »Ich bin in der Uniform, viele Dienstkameraden umgeben mich« (5) und so weiter. Zeitangaben sind seltener. Ich bezeichne diese Phase des Traumes als *Exposition*. Sie gibt den Ort der Handlung, die handelnden Personen und häufig die Ausgangslage an.

Die zweite Phase ist die der *Verwicklung*. Zum Beispiel: »Ich bin auf einer Straße, es ist eine Allee. In der Ferne taucht ein Automobil auf, das sich rasch nähert. Es fährt merkwürdig unsicher, und ich denke, der Chauffeur sei am Ende betrunken« (1). Oder »Frau Y scheint in großer Erregung zu sein und will mir hastig etwas zuflüstern, was offenbar mein Freund X nicht hören soll« (3). Die Situation wird irgendwie kompliziert, und es tritt eine gewisse Spannung ein, da man nicht weiß, was es jetzt geben soll.

Die dritte Phase ist die der *Kulmination* oder der *Peripetie*. Hier geschieht etwas Entscheidendes, oder es schlägt etwas um, zum Beispiel: »Plötzlich bin *ich* im Wagen und anscheinend selbst dieser betrunkene Chauffeur. Ich bin allerdings nicht betrunken, sondern seltsam unsicher und wie steuerlos. Ich kann den rasch fahrenden Wagen nicht mehr halten und stoße mit Krach in eine Mauer« (1). Oder »Plötzlich wird Frau Y leichenblass und stürzt zu Boden« (3).

Die vierte und letzte Phase ist die *Lysis*, die *Lösung* oder das durch die Traumarbeit erzeugte *Resultat* (es gibt gewisse Träume, bei denen die vierte Phase fehlt, was unter Umständen ein besonderes Problem bilden kann, das hier nicht zu diskutieren ist), zum Beispiel: »Ich sehe, dass der Vorderteil des Wagens zerschmettert ist. Es ist ein fremder Wagen, den ich nicht kenne. Ich selbst bin unverletzt. Ich denke mit einiger Bangigkeit über meine Verantwortlichkeit nach« (1). Oder »Wir denken, Frau Y sei tot. Aber es ist offenbar nur eine Ohnmacht. Freund X ruft: ›Ich muss einen Arzt holen‹« (3). Die letzte Phase gibt einen abschließenden Tatbestand, der zugleich auch das »gesuchte« Resultat ist. Im Traum 1 ist offenbar nach einem gewissen steuerlosen Durcheinander eine neue Besinnlichkeit eingetreten, das heißt, sie sollte eintreten, da der Traum kompensatorisch ist. In Traum 3 ist das Resultat der Gedanke, dass die Hilfe einer kompetenten Drittperson angezeigt wäre.

Der erste Träumer (1) ist ein Mann, der in schwierigen familiären Umständen den Kopf etwas verloren hat und es nicht zum Äußersten wollte kommen lassen. Der zweite Träumer (3) war im Zweifel, ob er richtig daran tue, für seine Neurose die Hilfe eines Psychotherapeuten in Anspruch zu nehmen. Mit diesen Angaben ist der Traum freilich noch nicht gedeutet, sondern bloß seine Ausgangslage skizziert. Diese Vierphaseneinteilung lässt sich bei der Mehrzahl praktisch vorkommender Träume ohne besondere Schwierigkeiten verwenden, was also bestätigen würde, dass der Traum meist eine »dramatische« Struktur hat.

Der wesentliche Inhalt der Traumhandlung ist, wie ich oben gezeigt habe, eine Art von feinabgestimmter Kompensation für eine gewisse Einseitigkeit, Irrtümlichkeit, Abweichung oder sonstige Defektuosität des bewussten Standpunktes. Eine meiner hysterischen Patientinnen, eine Aristokratin, die sich überflüssigerweise unendlich distinguiert vorkam, begegnete in ihren Träumen serienweise schmutzigen Fischweibern und betrunkenen Prostituierten. In extremen Fällen werden die Kompensationen dermaßen bedrohlich, dass aus Angst davor Schlaflosigkeit eintritt.

Der Traum kann einen also peinlichst desavouieren oder in anscheinend wohlwollendster Weise moralisch stützen. Das Erstere kommt gerne vor bei Leuten, die eine zu gute Meinung von sich haben wie die eben erwähnte Patientin, das Letztere bei solchen, die sich für zu gering halten. Gelegentlich wird aber im Traum der Überhebliche nicht etwa bloß gedemütigt, sondern zu einem unwahrscheinlichen Rang erhöht, und zwar bis zur Lächerlichkeit, der allzu Demütige ebenso unwahrscheinlich erniedrigt (»to rub it in«, wie der Engländer sagt).

Bei vielen Leuten, die etwas, aber nicht genug von Träumen und deren Bedeutung wissen, entsteht unter dem Eindruck einer raffinierten und wie absichtlich erscheinenden Kompensation gerne das Vorurteil, der Traum habe tatsächlich eine moralische Absicht, er warne, tadle, tröste, sage voraus usw. Man lässt sich dadurch, dass man meint, das Unbewusste wisse ja alles besser, leicht verleiten, nötige Entscheidungen und Entschlüsse den Träumen zuzuschieben, und ist dann entsprechend enttäuscht, wenn die Träume immer nichtssagender werden. Die Erfahrung hat mir gezeigt, dass bei einiger Kenntnis der Traumpsychologie sich leicht eine Überschätzung des Unbewussten einstellt, welche die bewusste Entschlusskraft beeinträchtigt. Das Unbewusste funktioniert aber nur befriedigend, wenn das Bewusstsein seine Aufgaben bis zum Rand der Möglichkeit erfüllt. Was dann noch fehlt, vermag vielleicht ein Traum zu ergänzen, oder er kann einem da weiterhelfen, wo auch das beste Bemühen versagt hat. Wenn das Unbewusste dem Bewusstsein tatsächlich überlegen wäre, so wäre schlechterdings nicht einzusehen, worin denn schließlich der Nutzen des Bewusstseins bestände, beziehungsweise warum überhaupt je in der Phylogenese das Bewusstseinsphänomen als Notwendigkeit entstanden wäre. Wäre es ein bloßer lusus naturae, so käme der Tatsache, dass überhaupt jemand weiß, dass die Welt und er selbst existieren, keinerlei Bedeutung zu. Diese Ansicht ist irgendwie schwer verdaulich, ihr Hervorheben darum aus psychologischen Gründen zu vermeiden, auch wenn sie richtig wäre, was wir übrigens glücklicherweise niemals zu beweisen in der Lage sein werden (sowenig wie das Gegenteil!). Diese Frage gehört in den Bereich der Metaphysik, auf welchem Gebiet es kein Wahrheitskriterium gibt. Damit soll aber keineswegs die Tatsache unterschätzt werden, dass metaphysische Standpunkte für die Wohlfahrt der menschlichen Seele von größter Wichtigkeit sind.

Bei der Erforschung der Traumpsychologie stoßen wir auf weit hinausführende philosophische und sogar auf religiöse Probleme, zu deren Verständnis gerade das Phänomen der Träume schon entscheidende Beiträge geliefert hat. Aber wir könnten uns nicht rühmen, heute schon im Besitz einer allgemein befriedigenden Theorie oder Erklärung dieser schwer zu fassenden Erscheinung zu sein. Dazu ist uns das Wesen der unbewussten Psyche doch noch zu unbekannt. Auf diesem Gebiet ist noch unendlich viel geduldige und vorurteilslose Arbeit zu leisten, die sich niemand wird verdrießen lassen. Die Absicht der Forschung besteht ja nicht darin, sich im Besitz der allein richtigen Theorie zu wähnen, sondern durch Bezweiflung aller Theorien der Wahrheit allmählich näherzukommen.

Bibliografie der genannten Werke

Breuer, Josef / Freud, Sigmund: Studien über Hysterie. Leipzig und Wien 1895.

Flournoy, Théodore: Automatisme téléologique antisuicide. Un cas de suicide empêcher par une halluncination. In: Archives de pychologie VII (Genf 1908), S. 113–137.

Flournoy, Théodore: Des Indes à la planète Mars. Etudes sur un cas de somnabulisme avec glossolalie. Paris und Genf 1900.

Flournoy, Théodore: Nouvelles observations sur un cas de somnabulisme avec glossolalia. In: Archives de Psychologie Suisse rom I (1901), S. 101–255.

Freud, Sigmund: Bruchstück einer Hysterie-Analyse. In: Wissenschaftliche Schriften für Psychiatrie und Neurologie XVIII (1905), S. 285–308 und 408–466.

Freud, Sigmund: Der Witz und seine Beziehung zum Unbewussten. Leipzig und Wien 1905

Freud, Sigmund: Die Traumdeutung. Leipzig und Wien 1900.

Freud, Sigmund: Zur Psychopathologie des Alltagslebens. Über Vergessen, Versprechen, Vergreifen, Aberglaube und Irrtum. Berlin 1904.

Fürst, Emma: Statistische Untersuchungen über Wortassoziationen und über familiäre Übereinstimmungen im Reaktionstypus bei Ungebildeten. In: Diagnostische Assoziationsstudien (Beitrag X).

Honorius von Autun: Speculum Ecclesiae. Migne, P. L. CLXXII col. 807 ff.

Hucher, Eugène (Hg.): Le Saint-Graal ou le Joseph d'Arimathie. Première branche des romans de la table ronde, 3 Bde. Le Mans 1875–1878.

Jung, C. G.: Gesammelte Werke. 20 Bde. Hg. von Marianne Niehus-Jung / Lena Hurwitz-Eisner / Franz Riklin / Lilly Jung-Merker / Elisabeth Rüf / Leonie Zander. Sonderausgabe. Edition C. G. Jung im Patmos Verlag, Ostfildern 2011 ff.

Jung, C. G.: Über die Energetik der Seele. (Psychologische Abhandlungen II) Rascher, Zürich 1928. Noch einmal bearbeitet und etwas erweitert in: Über psychische Energetik und das Wesen der Träume.

(Psychologische Abhandlungen II) Rascher, Zürich 1948. In: GW 18/II, §§ 1110–1112; GW 8, §§ 1–130; GW 8, §§ 194–219; GW 8, §§ 443–529; GW 8, §§ 530–569; GW 8, §§ 263–282; GW 8, §§ 570–600.

Jung, C. G. (Hg.): Diagnostische Assoziationsstudien. Beiträge zur experimentellen Psychopathologie. Bd. 1. Leipzig 1906. In: GW 2, §§ 1–498; GW 2, §§ 499–559; GW 2, §§ 560–638; GW 2, §§ 660–727.

Jung, C. G.: Über die Psychologie der Dementia praecox (1907). In: GW 3, §§ 107–142.

Jung, C. G.: Über die Psychologie des Unbewussten (1943). In: GW 7, §§ 1–201.

Jung, C. G.: Die Psychologie der Übertragung (1946). In: GW 16, §§ 353–539.

Jung, C. G. (Hg.): Wirklichkeit der Seele. Anwendungen und Fortschritte der neueren Psychologie. Mit Beiträgen von Hugo Rosenthal, Emma Jung und W. M. Kranefeldt, 3. Aufl. Rascher, Zürich 1947. Beiträge von Jung in: GW 18/II, §§ 1727–1729; GW 8, §§ 649–688; GW 10, §§ 276–332; GW 15, §§ 1–17; GW 15, §§ 44–59; GW 15, §§ 163–203; GW 15, §§ 204–214; GW 17, §§ 284–323; GW 8, §§ 796–815.

Jung, C. G.: Psychologie und Alchemie. GW 12.

Kant, Immanuel: Die Logik. Werke VIII, hg. von Ernst Cassirer. Berlin 1922.

Kerényi, Karl / Jung, C. G.: Einführung in das Wesen der Mythologie, I/B [Zur Psychologie des Kindarchetypus] (1940). In: GW 9/I, §§ 259–305.

Kranefeld, Wolfgang M.: Komplex und Mythos. In: C. G. Jung, Seelenprobleme der Gegenwart, Zürich 1931.

Lévy-Bruhl, Lucien: Les Fonctions mentales dans les sociétés inférieures, 2. Aufl. Paris 1912.

Maeder, Alphonse: Contributions à la psychologie de la vie quotidienne. In: Archives de Psychologie Suisse rom. VI (1906/07), S. 148 ff. und VII (1907/08), S. 283 ff.

Maeder, Alphonse: Essai d'interprétation de quelques rêves. In: Archives de Psychologie Suisse rom. VI (1906/07), S. 354 ff.

Maeder, Alphonse: Sur le mouvement psychoanalytique. In: L'Année psychologique XVIII (Paris 1912), S. 389–418.

Maeder, Alphonse: Über das Traumproblem. In: Jahrbuch für psychoanalytische und psychopathologische Forschungen V (Leipzig und Wien 1913), S. 647–686.
Maeder, Alphonse: Über die Funktion des Traumes (Mit Berücksichtigung des Tagtraumes, des Spieles usw.). In: Jahrbuch für psychoanalytische und psychopathologische Forschungen IV (Leipzig und Wien 1912), S. 692–707.
Manget, Johannes Jakobus: Bibliotheca chemica curiosa, 2 Bde. Genf 1702.
Meier, Carl Alfred: Antike Inkubation und moderne Psychotherapie. Rascher, Zürich 1949.
Rhine, J. B.: New Frontiers of the Mind (deutsch: Neuland der Seele). Stuttgart 1938.
Silberer, Herbert: Über die Symbolbildung. In: Jahrbuch für psychoanalytische und psychopathologische Forschungen III (Leipzig und Wien 1911), S. 661–723, und IV (Leipzig und Wien 1912), S. 607–683.

Verzeichnis der Gesammelten Werke (GW) von C. G. Jung

In Klammern angegeben ist jeweils die Jahreszahl der ersten Auflage der deutschen gebundenen Ausgabe eines Einzelbands der Gesammelten Werke (GW) bzw. das Jahr der Erstveröffentlichung einer Schrift. Die Erscheinungsjahre etwaiger Neuausgaben von Bänden oder revidierter Fassungen von Schriften sind nicht berücksichtigt.

Gebundene Bände, die vor 1971 veröffentlicht wurden, sind im Rascher Verlag, Zürich, erschienen, alle gebundenen Bände nach 1971 im Walter Verlag, Olten und Düsseldorf. Die zuletzt erschienene broschierte Ausgabe der Gesammelten Werke wurde 2011 ff. in der Edition C. G. Jung im Patmos Verlag, Ostfildern, veröffentlicht.

1. Band (1966)
Psychiatrische Studien

Zur Psychologie und Pathologie sogenannter okkulter Phänomene (1902)
Über hysterisches Verlesen (1904)
Kryptomnesie (1905)
Über manische Verstimmung (1903)
Ein Fall von hysterischem Stupor bei einer Untersuchungsgefangenen (1902)
Über Simulation von Geistesstörung (1903)
Ärztliches Gutachten über einen Fall von Simulation geistiger Störung (1904)
Obergutachten über zwei widersprechende psychiatrische Gutachten (1906)
Zur psychologischen Tatbestandsdiagnostik (1905)

2. Band (1979)
Experimentelle Untersuchungen

Experimentelle Untersuchungen über die Assoziationen Gesunder (Mit Franz Riklin) (1904)
Analyse der Assoziationen eines Epileptikers (1905)

Über das Verhalten der Reaktionszeit beim Assoziationsexperiment (1905)
Experimentelle Beobachtungen über das Erinnerungsvermögen (1905)
Psychoanalyse und Assoziationsexperiment (1905)
Die psychologische Diagnose des Tatbestandes (1905)
Assoziation, Traum und hysterisches Symptom (1906)
Die psychopathologische Bedeutung des Assoziationsexperimentes (1906)
Über die Reproduktionsstörungen beim Assoziationsexperiment (1907)
Die Assoziationsmethode (1910)
Die familiäre Konstellation (1910)
Über die psychophysischen Begleiterscheinungen im Assoziationsexperiment (1907)
Psychophysische Untersuchungen mit dem Galvanometer und dem Pneumographen bei Normalen und Geisteskranken (Mit Frederick Peterson) (1907)
Weitere Untersuchungen über das galvanische Phänomen, Pneumographen und die Respiration bei Normalen und Geisteskranken (Mit Charles Ricksher) (1907)
Statistisches von der Rekrutenaushebung (1906)
Neue Aspekte der Kriminalpsychologie (1908)
Die an der psychiatrischen Klinik in Zürich gebräuchlichen psychologischen Untersuchungsmethoden (1910)
Ein kurzer Überblick über die Komplexlehre (1911)
Zur psychologischen Tatbestandsdiagnostik (1937)

3. Band (1968)
Psychogenese der Geisteskrankheiten

Über die Psychologie der Dementia praecox (1907)
Der Inhalt der Psychose (1908)
Kritik über E. Bleuler: Zur Theorie des schizophrenen Negativismus (1911)
Über die Bedeutung des Unbewußten in der Psychopathologie (1914)
Über das Problem der Psychogenese bei Geisteskrankheiten (1919)
Geisteskrankheit und Seele (1928)
Über die Psychogenese der Schizophrenie (1939)
Neuere Betrachtungen der Schizophrenie (1956)
Die Schizophrenie (1958)

4. Band (1969)
Freud und die Psychoanalyse
Die Hysterielehre Freuds (1906)
Die Freudsche Hysterietheorie (1908)
Die Traumanalyse (1909)
Ein Beitrag zur Psychologie des Gerüchtes (1910)
Ein Beitrag zur Kenntnis des Zahlentraumes (1910)
Morton Prince »The Mechanism and Interpretation of Dreams« (1911)
Zur Kritik über Psychoanalyse (1910)
Zur Psychoanalyse (1912)
Versuch einer Darstellung der psychoanalytischen Theorie (1913)
Allgemeine Aspekte der Psychoanalyse (1913)
Über Psychoanalyse (1916)
Psychotherapeutische Zeitfragen (Briefwechsel mit R. Loy) (1914)
Vorreden zu »Collected Papers on Analytical Psychology« (1916)
Die Bedeutung des Vaters für das Schicksal des Einzelnen (1909)
Einführung zu W. M. Kranefeldt »Die Psychoanalyse« (1930)
Der Gegensatz Freud und Jung (1929)

5. Band (1973)
Symbole der Wandlung (1952)
(Neubearbeitung von »Wandlungen und Symbole der Libido«, 1912)

1. Teil:
Einleitung
Über die zwei Arten des Denkens
Vorgeschichte
Der Schöpferhymnus
Das Lied von der Motte

2. Teil:
Einleitung
Über den Begriff der Libido
Die Wandlung der Libido
Die Entstehung des Heros
Symbole der Mutter und der Wiedergeburt
Der Kampf um die Befreiung von der Mutter
Das Opfer
Schlußwort
Anhang: Die Millerschen Phantasien

6. Band (1960)

Psychologische Typen (1921)

Einleitung
Das Typenproblem in der antiken und mittelalterlichen Geistesgeschichte
Über Schillers Ideen zum Typenproblem
Das Apollinische und das Dionysische
Das Typenproblem in der Menschenkenntnis
Das Typenproblem in der Dichtkunst
Das Typenproblem in der Psychopathologie
Das Problem der typischen Einstellung in der Ästhetik
Das Typenproblem in der modernen Philosophie
Das Typenproblem in der Biographik
Allgemeine Beschreibung der Typen
Definitionen
Schlußwort
Anhang – vier Arbeiten über Psychologische Typologie:
Zur Frage der psychologischen Typen (1913)
Psychologische Typen (1925)
Psychologische Typologie (1928)
Psychologische Typologie (1936)

7. Band (1964)

Zwei Schriften über Analytische Psychologie

Über die Psychologie des Unbewußten (1943)
Die Beziehungen zwischen dem Ich und dem Unbewußten (1928)
Anhang:
Neue Bahnen der Psychologie (1912)
Die Struktur des Unbewußten (1916)

8. Band (1967)

Die Dynamik des Unbewußten

Über die Energetik der Seele (1928)
Die transzendente Funktion (1916)
Allgemeines zur Komplextheorie (1934)
Die Bedeutung von Konstitution und Vererbung für die Psychologie (1929)
Psychologische Determinanten des menschlichen Verhaltens (1936)
Instinkt und Unbewußtes (1928)
Die Struktur der Seele (1928)

Theoretische Überlegungen zum Wesen des Psychischen (1947)
Allgemeine Gesichtspunkte zur Psychologie des Traumes (1928)
Vom Wesen der Träume (1945)
Die psychologischen Grundlagen des Geisterglaubens (1928)
Geist und Leben (1926)
Das Grundproblem der gegenwärtigen Psychologie (1931)
Analytische Psychologie und Weltanschauung (1931)
Wirklichkeit und Überwirklichkeit (1933)
Die Lebenswende (1931)
Seele und Tod (1934)
Synchronizität als ein Prinzip akausaler Zusammenhänge (1952)
Über Synchronizität (1952)

9/I. Band (1976)
Die Archetypen und das kollektive Unbewußte
Über die Archetypen des kollektiven Unbewußten (1935)
Der Begriff des kollektiven Unbewußten (1936)
Über den Archetypus mit besonderer Berücksichtigung des Animabegriffes (1936)
Die psychologischen Aspekte des Mutterarchetypus (1939)
Über Wiedergeburt (1940)
Zur Psychologie des Kindarchetypus (1940)
Zum psychologischen Aspekt der Korefigur (1941)
Zur Phänomenologie des Geistes im Märchen (1946)
Zur Psychologie der Tricksterfigur (1954)
Bewußtsein, Unbewußtes und Individuation (1939)
Zur Empirie des Individuationsprozesses (1934)
Über Mandalasymbolik (1938)
Mandalas (1955)

9/II. Band (1976)
Aion. Beiträge zur Symbolik des Selbst (1951)
Das Ich
Der Schatten
Die Syzygie: Anima und Animus
Das Selbst
Christus, ein Symbol des Selbst
Das Zeichen der Fische
Die Prophezeiung des Nostradamus
Über die geschichtliche Bedeutung des Fisches

Die Ambivalenz des Fischsymbols
Der Fisch in der Alchemie
Die alchemistische Deutung des Fisches
Allgemeines zur Psychologie der christlich-alchemistischen Symbolik
Gnostische Symbole des Selbst
Die Struktur und Dynamik des Selbst
Schlußwort

10. Band (1974)
Zivilisation im Übergang

Über das Unbewußte (1918)
Seele und Erde (1931)
Der archaische Mensch (1931)
Das Seelenproblem des modernen Menschen (1928)
Das Liebesproblem des Studenten (1928)
Die Frau in Europa (1927)
Die Bedeutung der Psychologie für die Gegenwart (1934)
Zur gegenwärtigen Lage der Psychotherapie (1934)
Vorwort zu »Aufsätze zur Zeitgeschichte« (1946)
Wotan (1936)
Nach der Katastrophe (1945)
Der Kampf mit dem Schatten (1946)
Nachwort zu »Aufsätze zur Zeitgeschichte« (1946)
Gegenwart und Zukunft (1957)
Ein moderner Mythus: Von Dingen, die am Himmel gesehen werden (1958)
Das Gewissen in psychologischer Sicht (1958)
Gut und Böse in der Analytischen Psychologie (1959)
Vorrede zu: Toni Wolff »Studien zu C. G. Jungs Psychologie« (1959)
Die Bedeutung der schweizerischen Linie im Spektrum Europas (1928)
Der Aufgang einer neuen Welt (1930)
Ein neues Buch von Keyserling »La Révolution mondiale et la responsabilité de l'esprit« (1934)
Komplikationen der amerikanischen Psychologie (1930)
Die träumende Welt Indiens (1939)
Was Indien uns lehren kann (1939)
Verschiedenes (Neun kurze Beiträge 1933–1938)

11. Band (1963)
Zur Psychologie westlicher und östlicher Religion
Psychologie und Religion (1940)
Versuch einer psychologischen Deutung des Trinitätsdogmas (1942)
Das Wandlungssymbol in der Messe (1942)
Geleitwort zu Victor White: Gott und das Unbewußte (1952)
Vorrede zu Zwi Werblowsky: Lucifer und Prometheus (1952)
Bruder Klaus (1933)
Über die Beziehung der Psychotherapie zur Seelsorge (1932)
Psychoanalyse und Seelsorge (1928)
Antwort auf Hiob (1952)
Psychologischer Kommentar zu: Das tibetische Buch der großen Befreiung (1939)
Psychologischer Kommentar zum Bardo Thödol (1935)
Yoga und der Westen (1936)
Vorwort zu Daisetz Teitaro Suzuki: Die große Befreiung (1939)
Zur Psychologie östlicher Meditation (1943)
Über den indischen Heiligen. Einführung zu Heinrich Zimmer: Der Weg zum Selbst (1944)
Vorwort zum I Ging (1950)

12. Band (1972)
Psychologie und Alchemie (1944)
Vorwort [undatiert] zur 2. englischen Auflage von 1967
Einleitung in die religionspsychologische Problematik der Alchemie (1943)
Traumsymbole des Individuationsprozesses (1936)
Die Erlösungsvorstellungen in der Alchemie (1937)
Epilog

13. Band (1978)
Studien über alchemistische Vorstellungen
Kommentar zu »Das Geheimnis der goldenen Blüte« (1929)
Der Geist Mercurius (1943)
Die Visionen des Zosimos (1938)
Paracelsus als geistige Erscheinung (1942)
Der philosophische Baum (1945)

14/I. Band (1968)
Mysterium Coniunctionis (1955)
Die Komponenten der Coniunctio
Die Paradoxa
Die Personifikationen der Gegensätze

14/II. Band (1968)
Mysterium Coniunctionis (1956)
Rex und Regina
Adam und Eva
Die Konjunktion

14/III. Band (1973)
Mysterium Coniunctionis, Ergänzungsband
(Herausgegeben und kommentiert von Marie-Louise von Franz)
Aurora Consurgens

15. Band (1971)
Über das Phänomen des Geistes in Kunst und Wissenschaft
Paracelsus (1929)
Paracelsus als Arzt (1941)
Sigmund Freud als kulturhistorische Erscheinung (1932)
Sigmund Freud (1939)
Zum Gedächtnis Richard Wilhelms (1930)
Über die Beziehung der Analytischen Psychologie zum dichterischen Kunstwerk (1922)
Psychologie und Dichtung (1930)
»Ulysses« (1932)
Picasso (1932)

16. Band (1958)
Praxis der Psychotherapie
Grundsätzliches zur praktischen Psychotherapie (1935)
Was ist Psychotherapie? (1935)
Einige Aspekte der modernen Psychotherapie (1930)
Ziele der Psychotherapie (1929)
Die Probleme der modernen Psychotherapie (1929)
Psychotherapie und Weltanschauung (1943)
Medizin und Psychotherapie (1945)
Die Psychotherapie in der Gegenwart (1945)

Grundfragen der Psychotherapie (1951)
Der therapeutische Weg des Abreagierens (1921)
Die praktische Verwendbarkeit der Traumanalyse (1934)
Die Psychologie der Übertragung (1946)

17. Band (1972)
Über die Entwicklung der Persönlichkeit
Über Konflikte der kindlichen Seele (1910)
Einführung zu Frances G. Wickes »Analyse der Kinderseele« (1931)
Die Bedeutung der Analytischen Psychologie für die Erziehung (1923)
Analytische Psychologie und Erziehung (1926)
Der Begabte (1943)
Die Bedeutung des Unbewußten für die individuelle Erziehung (1928)
Vom Werden der Persönlichkeit (1934)
Die Ehe als psychologische Beziehung (1925)

18/I. Band (1981)
Das symbolische Leben
Über Grundlagen der Analytischen Psychologie (1935)
Symbole und Traumdeutung (1961)
Das symbolische Leben (1939)
Ergänzungen zu GW 1, 3, 4

18/II. Band (1981)
Das symbolische Leben
Ergänzungen zu GW 5, 7–17

19. Band (1983)
Bibliographie
Die veröffentlichten Schriften von C.G. Jung (Originalwerke und Übersetzungen)
Die Gesammelten Werke von C.G. Jung
Die Seminare von C.G. Jung

20. Band (1995)
Gesamtregister